AMERIKANISCHE AUTOS DER FÜNFZIGER JAHRE

AMERIKANISCHE AUTOS DER FÜNFZIGER JAHRE

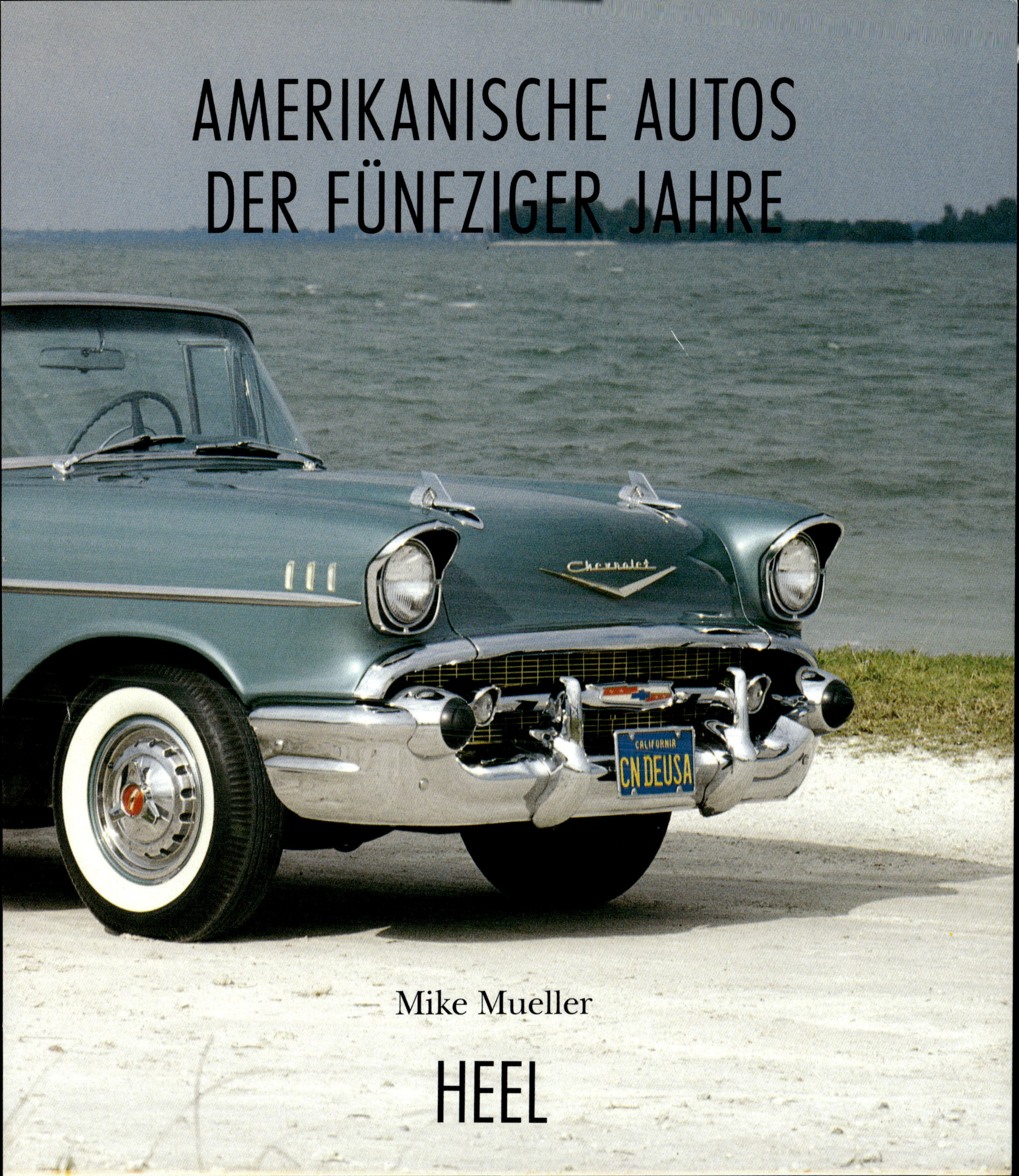

Mike Mueller

HEEL

Impressum

HEEL-Verlag GmbH
Wintermühlenhof
53639 Königswinter
Telefon 0 22 23/92 30-0
Telefax 0 22 23/92 30-26

Für die Originalausgabe:
Erstveröffentlichung: 1994
durch Motorbooks International,
Publishers & Wholesalers, PO Box 2,
729 Prospect Avenue, Osceola,
WI 54020 USA

Übersetzung:
Walther Wuttke, Bad Honnef

Umschlaggestaltung:
Olaf Schumacher, Bonn

Satz (Fremddatenübernahme):
Fotosatz Hoffmann, Winterscheid

Druck:
Lorenz Ellwanger, Bayreuth

Für die deutsche Ausgabe:

ISBN 3-89365-456-9

Halber Titel: Der Buick Roadmaster war eine geachtete Größe auf den Straßen der fünfziger Jahre in den USA. Sein Erkennungszeichen waren die vier Kühlöffnungen an der Seite.

Titel: Dieses 1957 gebaute Bel Air Cabriolet von Chevrolet (Besitzer: Rich Miller, Clearwater, Florida) wurde von einem 4,6 Liter großen V8-Motor angetrieben, der 283 PS leistete.

Inhalt

Danksagungen

Die Entstehung dieses Buchs wäre ohne die freundliche Unterstützung, Zusammenarbeit und Gastfreundschaft der Besitzer der hier abgebildeten Autos nicht möglich gewesen. Da es unmöglich ist, allen Eigentümern persönlich zu danken, seien hier ihre Namen aufgelistet. Der Autor dankt allen Eigentümern, die hier in der Reihenfolge der abgebildeten Autos aufgeführt werden:

Larry Young, Port Charlotte, Florida, 1955, 1956 und 1957 Chevrolets; Bob Dykstra, Ageless Autos, Zecland, Michigan, 1950 Ford; Gerald Schantz, Ormond Beach, Florida, 1957 Cadillac Eldorado Brougham; Bill und Barbara Jacobsen, Silver Dollar Classic Cars, Odessa, Florida, 1959 Chevrolet Impala; Jim und Betty Pardo, Naples, Florida, 1951 Buick Special; Larry Young, Port Charlotte, Florida, 1955 Chevrolet Bel Air Cabriolet; Wilton und Terry Davis, Valrico, Florida, 1955 Ford Victoria; Ronald Layton, Sparta, New Jersey, 1955 Mercury Montclair Sun Valley; Mike Bloore, Lutz, Florida, 1957 Ford Skyliner; Don und Pat Petrus, Winter Haven, Florida, 1957 Ford Thunderbird; Walter und Marion Gutowski, Lakeland, Florida, 1958 Buick Limited Cabriolet; Bob Henefeldt, Clearwater, Florida, 1959 Cadillac Series 62 Cabriolet; Charles und Virginia Stoneking, Winter Haven, Florida, 1959 Edsel Ranger; Art und June Ubbens, Lake Wales, Florida, 1955 Plymouth Belvedere; Robert und Mary McVeigh, Lake Park, 1959 Pontiac Catalina Cabriolet; John Young, Mulberry, Florida, 1954 Corvette; Edwin Hobart, Naples, Florida, 1954 Kaiser Darrin; Rich Miller, Clearwater, Florida, 1957 Chevrolet Bel Air Cabriolet; George Shelley, Pompano Beach, Florida, 1957 Chrysler 300C; Floyd Garrett, Fernandina Beach, Florida, 1957 Ford Fairlane; Don McCullen, Gainesville, Florida, 1957 Studebaker Golden Hawk; Marvin und Joan Hughes, Ocala, Florida, 1957 Dodge Coronet D500 Cabriolet; Gary Ogeltree, Fayetteville, Georgia, 1958 Plymouth Fury; Doug West, Preston, Idaho, 1959 DeSoto Adventurer; Era Harvey, Leesburg, Florida, 1950 Scorpion, 1951

Crosley und 1958 King Midget; Gene Schild, Des Plaines, Illionois, 1953 Packard Caribbean; Rick Lay, Athens, Tennessee, 1953 Kaiser Dragon; Dave Horton, Lakeland, Florida, 1954 Willys Aero Lark; Harry Fry, Lake Wales, Florida, 1951 Crosley Farm-O-Road; George und Katherine Baumann, Davie, Florida, 1954 Hudson Hornet; Marc Harr, Ormond Beach, Florida, 1955 Packard Clipper; Larry und Vickie Gehm, Melbourne, Florida, 1954 Ford Customline Ranch Wagon; Erol und Susan Tuzcu, Del Ray Beach, Florida, 1957 Chevrolet Nomad; Al Whitcombe, Ambler, Pennsyslvania, 1956 Ford F100 Pickup; Halderman Ford, Kutztown, Pennsylvania, 1991 Ford F150 XLT 4x4; Bob und Linda Ogle, Champaign, Illinois, 1956 Chevrolet Cameo Carrier Pikkup; Bob und Debbie Higgins, Davie, Florida, 1957 Chevrolet 3100 Pickup; Dan Topping, Tifton, Georgia, 1957 Dodge Sweptside D100 Pickup; Ron Fisher, Indianapolis, Indiana, 1957 Ford Ranchero; Doug Stapleton, Bradenton, Florida, 1959 Chevrolet El Camino; Stuart Echolls, Lakeland, Florida, 1955 Dodge Royal; James Wienke, Homer, Illinois, 1955 Ford Crown Victoria; Dan Newcombe von Golden Classics, Safety Harbor, Florida, 1958 Dodge Coronet; Dwight und Mabel Caler, Bradenton, Florida, 1950 Studebaker Champion; William Stead, Lake Mary, Florida, 1953 Henry J; Gene Jr., Sherri und Christie DeBlasio, Plantation, Florida, 1955 Chevrolet Nomad.

Einleitung

Ein mobiles Jahrzehnt

Die fünfziger Jahre waren eine Epoche des Aufbruchs nach den Schrecken des Zweiten Weltkriegs und die Zeit des langsam beginnenden Wirtschaftswunders. Die ersten Fernseher eroberten die Wohnzimmer des wohlhabenden Teils der Gesellschaft. Die deutschen Fußballer wurden in der Schweiz Weltmeister und steigerten das Selbstbewußtsein einer ganzen Nation. Der Volkswagen Käfer begann seine steile Karriere und trug zur Mobilisierung Deutschlands und Europas bei. In Frankreich waren es der Citroen 2CV und der Renault 4CV, die in der Grande Nation zur Mobilität beitrugen.

Die Erinnerungen, das liegt in der Natur der Menschen, verschönt vieles, doch die Fünfziger waren mehr als ein weiteres Jahrzehnt im zwanzigsten Jahrhundert, sie markierten vielmehr einen wichtigen Meilenstein im Zusammenleben der Menschheit. In der automobilen Geschichtsschreibung sind sie ein wichtiger Wendepunkt – vor allem in den USA, wo in dieser Zeit einige unvergeßliche Automobile auf den Markt rollten mit Extras, von denen die europäischen Kunden gar nicht zu träumen wagten.

Damals gab es noch keine Abgas- und Geräuschvorschriften. Gestattet war, was gefiel, wie Chevys „Hot One" oder der „One-Million-Dollar-Look", den Virgil Exner für Chrysler schuf. Einige der in jenen Jahren entstandenen Autos erhielten später Kultstatus wie die Corvette von Chevrolet und der Ford Thunderbird des Jahres 1957. Nach ihnen drehen sich auch automobile Laien um. Andere wie das „Loewy Coupé" von Studebaker von 1953 oder der ein Jahr später präsentierte

Links:
Mit dem neuen OHV-V8-Motor hielt Leistung auch in die unteren automobilen Klassen Einzug. Der Chevrolet Bel Air hatte als erstes Modell den neuen Antrieb unter der Haube (vorne). Im Jahr 1956 leistete der Motor 225 PS (Mitte) und 1957 (hinten) war das Modell schon ein Klassiker geworden.

Die bedeutendste Design-Entwicklung der Nachkriegszeit war die Einführung der Ponton-Karosserie, bei der die Kotflügel in die Linie der Blechhaut integriert worden waren. Zu den eleganteren Vertretern der neuen Linie gehörte Ford. Bereits 1949 hatte das Unternehmen die Linie vorgestellt und sie wurde mit wenigen Veränderungen bis 1951 beibehalten. Das Bild zeigt ein Modell aus dem Jahr 1950.

Hudson Hornet und die Buick Skylark von 1953-54 erregen weniger Aufsehen, haben aber mindestens soviel Aufmerksamkeit verdient. Die fünfziger Jahre bieten eine schier unendliche Auswahl an automobilen Erfolgen und Enttäuschungen. Welches andere Jahrzehnt kann schon so gegensätzliche Entwicklungen wie den Cadillac Eldorado Brougham und den spitzbübischen Crosley Hot Shot bieten? Klassiker, technische Meilensteine und Versager, sie alle prägen diese Epoche.

Warum? Nun ein Grund liegt zweifellos in den explodierenden Geburtenzahlen der

fünfziger Jahre. Der Babyboom zeigte die Zuversicht der Menschen nach dem furchtbaren Krieg. So wie die Bevölkerung wuchs auch die amerikanische Industrie, die während des Krieges neue Produktionsmethoden gelernt hatte und diese nun auf die Friedensproduktion umsetzte. Am besten gelang dies den Autombilherstellern. Nachdem man Panzer, Flugzeuge und Geschütze in einer ständig steigenden Stückzahl produziert hatte, war die Befriedigung der automobilen Wünsche der Bürger ein leichtes Spiel.

1946 hungerten die Amerikaner nach neuen Autos und liefen Detroit die Tore ein. Doch dort konnte man zunächst nur überarbeitete Vorkriegswagen liefern. Die Modelle des Jahrgangs 1946 sahen den Modellen aus dem Jahr 1942, als die zivile Autoproduktion eingestellt worden war, sehr ähnlich. Zwar hatte Detroit am Ende des Krieges die baldige Vorstellung völlig neuer Autos versprochen, doch die großen Drei waren erst einmal damit beschäftigt, die ungeheure Nachfrage zu erfüllen und ließen sich mit den „neuen Autos“ Zeit.

Durchsichtige Dächer aus Plexiglas wurden zum ersten Mal bei Prototypen auf Auto-Messen gezeigt. Ford stattete 1954 den Mercury Sun Valley und den Ford Skyliner damit aus. Mercury bot den Wagen bis 1955, Ford bis 1956 an.

Oben:
Im Jahre 1993 feierte Chevrolet vier Jahrzehnte Corvette und brachte ein Jubiläumsmodell (rechts) ausschließlich in Rot-metallic heraus. Die 1953 vorgestellte Corvette gab es zunächst nur in Weiß. Damals wurde der Sportwagen von einem Sechszylinder angetrieben. Die Kraftübertragung übernahm ein Automatik-Getriebe.

Rechts:
Als Antwort auf die Corvette brachte Ford 1955 den Thunderbird heraus. Wie das Modell von Chevrolet war der Ford ein Zweisitzer, bot aber mehr Komfort. Das Unternehmen sprach von „persönlichem Luxus". Im Jahre 1958 jedoch wurde aus dem Zwei- ein Viersitzer.

Der Imperial begann 1955 seine Laufbahn als selbständige Marke unter dem Chrysler-Dach. Gleichzeitig übernahm Virgil Exner im Konzern die Verantwortung für das Design. Wegen seiner originell geformten und plazierten Rückleuchten war der Imperial bald unverwechselbar.

Cadillacs Brougham aus dem Jahr 1957 war ein Palast auf Rädern mit allem erdenklichen Luxus. Dazu gehörten Parfüm-Zerstäuber, Zigarettenhalter und eine Minibar im Handschuhfach. Das Dach bestand aus rostfreiem Stahl und eine Luftfederung sorgte für angemessenen Komfort. Ein V8 mit sechs Litern Hubraum und 300 PS sorgten für den Vortrieb des Schlachtschiffs.

Als Neuling im Geschäft brachte Kaiser-Frazer im Oktober 1946 das erste wirklich neue Auto für das Modelljahr 1947 auf den Markt. Auch Studebaker, bereits seit 100 Jahren im Transportgeschäft, rollte 1947 neue Modelle aus seiner Fabrik in South Bend, Indiana.

Hudson mußte sich ebenfalls etwas mehr anstrengen als die großen Drei in Detroit und spielte beim Thema „neue Autos nach dem Krieg“ kräftig mit. Mit seinem neuen Fahrwerk gestattete der neue Hudson eine tiefere Sitzposition für Fahrer und Passagiere und eine elegantere Karosserie. Und wie die Modelle von Kaiser-Frazer hatte der neue Hudson keine freistehenden Kotflügel mehr.

General Motors ergriff als erster der marktbeherrschenden Konzerne die Initia-

Die fünfziger Jahre waren nicht arm an verspielten Details. Bei diesem Chrysler 300C (Baujahr 1957) wurde die Automatik über vier Schaltknöpfe bedient. Damals brachte man auch Uhren in der Lenkradnabe unter, um sich von der Konkurrenz abzusetzen.

tive und brachte 1948 einen Cadillac mit neuer Karosserie auf den Markt, die anderen Divisionen Buick, Oldsmobile, Pontiac und Chevrolet folgten 1949. Chrysler und Ford machten es GM gleich, und 1950 konnte das Spiel um Marktanteile beginnen.

Obwohl die Plattform aus dem Jahr 1949 stammte, warb Ford 1950 im Magazin „Life" mit „50 verschiedenen Modellen für 1950". Wer es nicht glaubte, konnte sich auf zwei Seiten von der Richtigkeit der Behauptung überzeugen. Neu, neuer, am neuesten – es war eine Zeit, in der die Hersteller ständig versuchten, sich gegenseitig zu übertrumpfen. Im Laufe des Jahrzehnts wurde dieser Zwang im Zeichen eines sich verschärfenden Wettbewerbs immer beherrschender, was zu einer zügigen technischen Weiterentwicklung führte, die teilweise aber auch Rückschritte mit sich brachte. Doch egal, wie man die Entwicklung betrachtet, es waren ganz gewiß keine langweiligen Jahre.

Am Anfang des Jahrzehnts, 1950, vertraute Ford noch dem betagten Achtzylinder, Chrysler experimentierte mit einem halbautomatischen Getriebe, das zwar selbständig schaltete, beim Start aber noch eine Kupplung benötigte, und bei Cadillac deuteten sich am Heck die ersten Heckflossen an, die damals an das Lockheed-Kampfflugzeug P-38 erinnern sollten. Im Jahre 1959 hatten höher drehende V8-OHV-Motoren die alten Aggregate abgelöst, bei Chrysler arbeitete die äußerst zuverlässige Torqueflite-Dreigang-Automatik, und Cadillacs Heckflossen brachen alle bisherigen Höhenrekorde.

Im Jahre 1950 waren die Autos anscheinend entweder grün, beige oder schwarz

Der unbestrittene König der Heckflossen-Ära war der Cadillac des Jahres 1959, obwohl vor allem Virgil Exner bei Chrysler versuchte, die Höhenrekorde der Konkurrenz bei seinen Modellen zu überbieten. Ein Jahr später waren die Heckflossen passé.

mit einigen roten oder gelben Exemplaren, die offensichtlich die Einheitssauce etwas aufhellen sollten. Fünf Jahre später rollten Autos mit zwei oder wie bei Studebaker und Packard drei Farben auf den Straßen. GM-Kunden des Jahres 1958 suchten verzweifelt den Lack, der sich irgendwo unter dem üppigen Chrom verstecken mußte.

Die Modelle der Marken Dodge, Plymouth und DeSoto rollten 1950 im klassischen „Ponton-Design" auf den Straßen mit einem in die Höhe gewachsenen Fahrgastraum in der Mitte und kurzen Überhängen vorne und hinten. Neun Jahre später führte Pontiac General Motors in eine völlig neue Design-Richtung mit langen und breiten Modellen, die so breit waren, daß sie in einigen Staaten, die Vorschriften für die maximale Breite eines Autos hatten, nicht zugelassen werden konnten.

Pontiac war bis dahin eine Marke, bei der höchstens der traditionsbewußte Großvater kaufte. Nun bot sie aufregende Autos, die auch die Enkel begeisterten. Chevrolet hatte bereits 1955 die Wende geschafft und den betagten Sechszylinder-Motor gegen einen modernen OHV-V8-Motor getauscht. Der neue Chevy („Hot One") änderte 1955 mit seinem gegen Aufpreis erhältlichen 4,3-Liter-V8 die automobilen Bedürfnisse der Amerikaner. Einen so großvolumigen Antrieb hatte es bis dahin noch nie für einen so niedrigen Preis gegeben. Dank der Bereitschaft von General Motors, den neuen OHV-V8 nicht nur unter die Hauben von Cadillacs und Oldsmobiles zu montieren, hatte nun auch das Massenpublikum ausreichend Muskeln unter den Hauben ihrer Allerweltsautos, womit GM das PS-Rennen gestartet hatte.

Am Ende des Jahrzehnts waren die großen Drei in Detroit unter sich. 1959 hatten Chrysler, General Motors und Ford fast keine unabhängigen Konkurrenten mehr. Die kleineren Hersteller mußten nacheinander aufgeben, weil sie mangels Kapital mit der rasanten Entwicklung der großen Konzerne nicht mithalten konnten.

Kaiser war direkt nach dem Krieg ein vielversprechendes Unternehmen, mußte aber 1955 aufgeben. Dabei ging auch Willys unter. Packard und Studebaker verbündeten sich 1954, mußten aber erkennen, daß zwei schwache Unternehmen keinen starken Konzern ergaben und verschwanden in den sechziger Jahren vom Markt. Hudson und Nash schlossen sich 1954 zu American Motors zusammen. 1958 verschwanden die traditionsreichen Namen und wurden durch Rambler ersetzt. Das Unternehmen überlebte die fünfziger Jahre, indem es sich auf den wachsenden Markt der Kleinwagen konzentrierte.

Während die unabhängigen Hersteller vor allem damit beschäftigt waren, irgendwie zu überleben, überraschte Detroit die Kundschaft mit immer neuen Einfällen. Scheinwerfer blendeten automatisch ab, wenn sie ein entgegenkommendes Licht wahrnahmen, Tachometer wurden so auf dem Armaturenbrett montiert, daß die Sonne sie illuminierte und Cabriodächer schlossen sich automatisch, wenn ein Regentropfen auf einen Kotflügel fiel. Ford bot ein Modell mit einem getönten Plexiglasdach, und bei einem anderen ließ sich das Blechdach mittels einer aufwendigen Elektrik im Kofferraum versenken. Automatikgetriebe, die sich über Knöpfe im Armaturenbrett steuern ließen, Radkappen

Der Ford Edsel verkaufte sich im Rezessionsjahr 1958 eigentlich ganz gut, erfüllte jedoch nie die hochgesteckten Ziele und wurde bald die Quelle nie enden wollender Witze. Zwei Jahre nach seiner Vorstellung wurde das unglückliche Modell aus dem Programm gestrichen.

mit Flügelschrauben, hochgezogene Sitze, Rückleuchten im Leuchtturm-Format, die Liste der Einfälle ist schier endlos.

Viele Extras, die heute selbstverständlich sind, erschienen zum erstenmal in den fünfziger Jahren in den Aufpreislisten. Dazu gehört zum Beispiel die äußerst kostspielige Klimaanlage, die damals in einigen Katalogen auftauchte. Vierfachvergaser hingegen wurden bald ein unverzichtbares Mittel im Kampf der PS-Größen.

In dieser Zeit entdeckten die amerikanischen Hersteller auch das bis dahin den Europäern überlassene Feld der Sportwagen. Den Anfang machte 1953 Chevrolet mit der Corvette, Ford zog mit dem Thunderbird zwei Jahre später nach. Wenn Detroit solche automobilen Legenden heute noch einmal entwickeln könnte...

Natürlich hat nicht alles, was damals von den Fließbändern rollte, Legendenstatus. Qualitätskontrolle hatte noch keinen hohen Stellenwert, und daher waren einige Modelle regelrechte Rostmagneten. Am Ende des Jahrzehnts mußte Detroit erkennen, daß Größe nicht alles ist, und die Kunden begriffen, daß weniger auch mehr sein kann. Zweifellos markiert 1958 den Höhepunkt in Detroits Chrom-Leidenschaft, und 1959 war das endgültige Höhenwachstum der Heckflossen erreicht. Im darauffolgenden Jahr war der Spuk plötzlich verschwunden.

1958 ist auch das Jahr, in dem ein Modell auf den Markt kam, das zum Symbol der negativen Seite der fünfziger Jahre werden sollte. Der Ford Edsel, der sowohl gegen eine Rezession als auch gegen einen geänderten Geschmack der Kundschaft kämpfen mußte, wurde bald die Quelle vieler Witze, die noch heute erzählt werden.

Mit der Zeit verheilen nicht alle Wunden, und das gilt auch für die fünfziger Jahre. In Korea hatte sich der Kalte zu einem heißen Krieg gewandelt, Senator McCarthy jagte Kommunisten, Prüderie war Trumpf – doch das alles wird gerne unter den Teppich gekehrt und verdrängt.

Für viele Menschen, die diese Zeit bewußt erlebt haben, sind die Fünfziger aber auch die Zeit des Rock 'n' Roll und es gab nichts Besseres als einen Olds Rocket 88, um sein Mädchen zum Tanz zu fahren. Freizeitvergnügen ließen sich noch leicht finanzieren, und einige Duesenbergs standen unbeachtet bei Gebrauchtwagenhändlern. Und nachdem Nostalgie eine Lieblingsbeschäftigung der Gesellschaft ist, werden die fünfziger Jahre genauso wenig wie Elvis Presley aus den Köpfen verschwinden.

Sogar Chevrolets Chefstylist Clare McKichan gab später zu, daß seine Mannschaft 1959 bei der neuen Form des Chevrolet Impala etwas zu weit gegangen war. Würden die Heckflossen aufrecht stehen, sie hätten alle Höhenrekorde von Cadillac geschlagen. Wie das Heck war auch die Frontpartie dank des großzügigen Einsatzes von Chrom ähnlich überladen.

ATLANTIC COAST LINE

Denkmäler und Meilensteine

Gut, schlecht oder hässlich

Die Geschichte des amerikanischen Automobils in den fünfziger Jahren zu erzählen, ist keine leichte Aufgabe, wenn man bedenkt, was sich in diesen zehn Jahren alles abgespielt hat. Wenn man 1950 mit 1959 vergleicht, dann ist es fast schon ein Unterschied wie Tag und Nacht.

Natürlich spielt die technische Entwicklung in jenen Jahren eine große Rolle, doch ein Aspekt im Automobilbau übernahm damals eine immer bedeutendere Rolle. Stil war das Schlüsselwort der Epoche. Natürlich ist Stil in Verbindung mit Automobilen nicht die Erfindung der Fünfziger. Doch kurz vor dem Beginn des Jahrzehnts entdeckte Detroit diese Rezeptur, um sich der Konkurrenz zu erwehren. Dabei läßt sich der Begriff nur schwer eingrenzen. Niemand wußte genau, ob es alleine das Aussehen oder das sportliche Auftreten war oder einfach nur die Menge des (teilweise überflüssigen) Zubehörs. Darüber machte sich niemand Gedanken. Stil war Stil, und die Fünfziger waren voll davon.

Vor dem Zweiten Weltkrieg sahen alle Autos, die auf den Straßen rollten, irgendwie gleich aus. Es ging den Konstrukteuren in erster Linie um die Befriedigung der Wünsche nach Mobilität. Design und Status waren nur wenigen reichen Zeitgenossen vorbehalten. Nach dem Krieg ging es ums Auffallen. Haltbarkeit war erst in zweiter Linie ein Thema.

Modernes Design war das Mittel, um die nach neuen Autos hungernden Menschen in die Ausstellungsräume der Händler zu locken. Freistehende Kotflügel, die noch die dreißiger und vierziger Jahre be-

Buick blieb in den frühen fünfziger Jahren noch dem betagten Reihenachtzylinder treu. Cadillac und Oldsmobile hatten da schon den modernen OHV-V8. Das Design war jedoch im Gegensatz dazu nicht veraltet, wie dieser Speedster aus dem Jahr 1951 beweist. Ein typisches Detail für die Marke waren die drei Lüftungslöcher an der Seite des Kotflügels.

Fords Victoria aus dem Jahr 1951 kam zwar im modernen „Hardtop-Design" ohne B-Säule auf den Markt. Unter der Haube arbeitete aber immer noch der bereits 1932 entwickelte V8. Erst 1954 kam der neue OHV-V8 auch unter die Hauben der Ford-Modelle.

herrscht hatten, hatten keine Chance mehr. Als erstes Unternehmen erkannte dies Kaiser-Frazer und stellte schon 1946 eine neugestaltete Limousine vor. Studebaker und Cadillac folgten 1948, Ford ein Jahr später. Während GM und Studebaker vor allem am Heck der Autos noch alte Stilelemente verwendete, ging Ford mutig in die Zukunft und baute die saubersten neuen Formen.

Während nun die glatten Flächen das Design dominierten, kamen weitere Formen, mit denen sich die Firmen von der Konkurrenz absetzen wollten, ins Spiel. Unter der Leitung des Chef-Designers Harley Earl wuchsen dem Cadillac des Jahrgangs 1948 zwei kleine Flossen am Heck, und damit war die Entwicklung zu einem der verrücktesten Stilelemente der fünfziger Jahre eingeleitet. Bald spielte jede Designabteilung in Detroit mit Heckflossen. 1952 reagierte Ford mit ziemlich unscheinbaren Flossen, während Chrysler 1957 damit anfing und bis 1959 neue Höhenrekorde aufstellte. Die Thunderbird-Flossen des Jahres 1957 waren schräg, die von Kaiser-Willys zeigten in die falsche Richtung, und Chevrolet versuchte sich 1959 an horizontalen Exemplaren. Zweifellos sind die Flossen des 1959 gebauten Cadillac am besten in Erinnerung geblieben, schließlich hatte das Unternehmen das Stilelement in den Automobilbau eingeführt.

Ein anderer Trend, der in den Fünfziger begann, war das sogenannte Hardtop-Coupé. Chrysler hatte als erste Firma mit der Idee gespielt und tatsächlich sieben Prototypen gebaut, die auf einem Cabriolet basierten, wobei dem neuen Wagen die B-Säule fehlte, was zu einer eleganten, fließenden Dachform führte. Das erste Serien-Hardtop erschien 1949 mit dem Coupé DeVille von Cadillac auf dem Markt.

Chevrolet sorgte 1955 mit seinen Neuerscheinungen zwar für viel Aufsehen, doch die Ford-Modelle standen den Chevys kaum nach. Das Flaggschiff der Marke war der Crown Victoria, den L. David Ash entworfen hatte. Erkennungszeichen war die nach vorne geneigte und unter Chrom versteckte B-Säule.

Natürlich folgten bald alle Hersteller dem Vorbild, und Chrysler brachte 1950 den Town & Country auf den Markt, dem Fords Victoria und Packard ein Jahr später folgten. Lincoln und Mercury griffen das neue Design 1952 auf. Frazer ging noch einen Schritt weiter und bot einen Viertürer als Hardtop an, der freilich eine etwas seltsame Seitenfenster-Konstruktion mit einem Rahmen an der Stelle der B-Säule hatte. Die großen Drei brachten bald darauf ebenfalls konventionelle Hardtop-Viertürer heraus und ließen sogar viertürige Kombis mit diesem Designelement folgen, wobei American Motors 1956 in dieser Abteilung die Nase vorne hatte. Buick, Oldsmobile und Mercury folgten ein Jahr später.

Im Jahre 1955 kam auch Ford mit einem völlig neuen Design auf den Markt. Zweiton-Lackierung war eines der wichtigsten Designmittel der damaligen Jahre – ganz gleich, ob die Farben zusammenpaßten oder nicht. Jeder Anbieter hatte eine schier endlose Reihe von Kombinationen im Angebot.

General Motors, immer an erster Stelle, wenn es um neues Design ging, nahm sich nun der Windschutzscheibe an. Neue Technologien in der Glasproduktion machten Panoramascheiben möglich, und wie das aussah, zeigte zuerst Cadillac bei seinem Eldorado-Cabriolet, das 1953 auf der Motorama-Ausstellung als Prototyp sein Debüt gab. Was das Hardtop-Design für die Seitenansicht getan hatte, tat die Panoramascheibe für die Front: Sie ließ den vorderen Teil des Wagens großzügiger erscheinen und brachte mehr Licht in den Innenraum. Freilich mußte man beim Einsteigen aufpassen, um sich nicht das Knie an der weit herumgezogenen Scheibe zu stoßen. Dieses Problem konnten die Designer erst ein Jahrzehnt später lösen.

Neben dem Cadillac hatte auch das Oldsmobile Fiesta Cabriolet die Panoramascheibe auf der Motorama gezeigt, und wie der Eldorado wurde auch der Oldsmobile in einer begrenzten Auflage direkt nach der Ausstellung gebaut. Buicks Skylark Cabrio und Chevrolets Corvette (mit Kunststoff-Karosserie) gingen im gleichen

Bis 1955 bot Chevrolet ziemlich langweilige, dafur aber preiswerte Modelle an, die von betagten Sechszylinder-Motoren angetrieben wurden. Dennoch waren sie die Bestseller. Chevrolet überraschte dafür um so mehr, als 1955 die ersten Autos der Marke mit dem modernen OHV-V8 auf den Markt rollten.

Jahr mit der neuartigen Windschutzscheibe in Serie.

Neben den diversen neuen Designideen sahen die fünfziger Jahre auch Unternehmen, die sich auf einmal in eine völlig neue Richtung orientierten. Das prominenteste Beispiel für diese Veränderung ist vermutlich Chrysler, das sich 1955 völlig neu orientierte. Chefdesigner Virgil Exner entwickelte seinen neuen „Forward Look“, von dem alle Marken des Konzerns profitierten. Der sogenannte „100-Million-Dollar-Look“ verschaffte DeSoto, Dodge und Plymouth einen neuen, modernen Auftritt, und der

kleinste Konzern der „Großen Drei" nahm einen neuen Aufschwung.

Der größte Gewinner war Plymouth. Noch ein Jahr zuvor hatte die Marke die Öffentlichkeit mit zweckmäßigen und preiswerten Autos zu Tode gelangweilt. Unter Exners Anleitung hatte der Designchef von Plymouth, Maury Baldwin, neue Formen geschaffen, die zusammen mit dem neuen OHV-V8-Motor viele Kunden wieder zu den Händlern zurückbrachte. Auch wenn die Wiedergeburt von Chevrolet zur gleichen Zeit den Aufstieg von Plymouth in den Schatten stellte, bedeutete das Comeback von Plymouth 1955 die größte Umkehr eines Herstellers in diesem Jahrzehnt, das an ähnlichen Geschichten nicht arm war.

Überhaupt ist 1955 vermutlich das Jahr, in dem die Karten auf dem amerikanischen Markt völlig neu gemischt wurden. Neben Plymouth bot auch Chevrolet mit einer ähnlichen Kombination von modernen V8-Motoren und Karosserien zeitgemäße Autos im preiswerten Segment an. Auf der anderen Seite des Marktes kam die Luxusmarke Packard mit einer neuen

Oben:
Die Chrysler-Techniker hatten zwar schon 1951 den berühmten „Hemi-Motor" unter die Hauben ihrer Modelle transplantiert, doch das langweilige Design sorgte für einen schleppenden Verkauf. Das änderte sich mit einem Schlag, als die Modelle des Jahrgangs 1955 auf den Markt kamen. Chrysler gab auch stolz bekannt, wie teuer die neuen Formen waren und sprach von „100-Million-Dollar-Look".

Rechts:
Der Sun Valley mit Glasdach basierte 1954 auf der Plattform des Monterey und war nur in zwei Farbkombinationen lieferbar: Hellgelb oder Pfefferminzgrün mit weiß. Ein Jahr später diente die Plattform des neuen Flaggschiffs, Montclair, als Basis. Nur 1787 Exemplare wurden insgesamt gebaut.

Links:
Chrysler kam mit völlig neuem Design 1955 zu den Kunden. Virgil Exners „100-Million-Dollar-Look“ war Plymouth, DeSoto und Dodge vorbehalten. Bei den niedriger angeordneten Divisionen sprach man vom „Forward-Look“, den dieser Dodge Royal Hardtop demonstriert, der vom Händler noch mit Speichenrädern ausgestattet wurde.

Das Magazin „Life" nannte den 1957 vorgestellten Ford Skyliner „ein mechanisches Wunder und die aufregendste Idee, seitdem Ford 1915 seine erste zweitürige Limousine vorgestellt hat". Der Wagen konnte mit einem Knopfdruck von einem Coupé in ein Cabriolet verwandelt werden. Dann traten zehn Relais, zehn Spannungsbegrenzer, acht Unterbrecher und drei Elektromotoren in Aktion. Rund 200 Meter Kabel verbanden die einzelnen Elemente. Bis 1959 blieb das originelle Cabrio-Coupé im Lieferprogramm. Das abgebildete Modell hat eine nicht-serienmäßige Lackierung.

Karosserie und seinem ersten OHV-V8 auf den Markt. Das Fahrwerk hatte eine Drehstab-Federung. Pontiac folgte 1955 mit einem OHV-V8 unter der Haube und präsentierte sich in einer aufgefrischten Form dem jugendlichen Markt. Bei Ford rollte 1955 der Zweisitzer Thunderbird als Antwort auf die Chevrolet Corvette auf den Markt.

Die zweite Hälfte des Jahrzehnts sah einen Trend zu immer längeren und breiteren Karosserien, den am besten Exners Chrysler-Modelle von 1957 verkörperten. Andere Versuche, es Chrysler nachzumachen, waren weniger erfolgreich. Die Modelle der Marken Chevrolet, Buick, Oldsmobile und Pontiac waren zwar größer, aber nicht unbedingt besser, und Lin-

Wie der Bel Air von Chevrolet war auch der Thunderbird im Jahr 1957 unverwechselbar. In diesem Modelljahr war der Wagen wegen eines neugestalteten Hecks mit Flossen etwas in die Länge gewachsen.

coln und Mercury waren einfach nur noch gewaltig. Doch noch bevor die Tinte auf den Entwürfen für das Modelljahr 1958 trocken war, hatte GM seine Position überdacht und brachte 1959 die von Bunkie Knudsen erdachten Breitspur-Modelle heraus.

Knudsen war der jüngste General-Manager, der jemals eine GM-Division geleitet hatte. Er hatte es geschafft, die einstmals eher langweilige Marke Pontiac in Richtung eines neuen jugendlichen Auftritts zu schieben, indem er auf neue Formen und Leistung setzte. Unter seiner Leitung griffen die Designer Exners Ideen auf und schufen eine völlig neue und unverwechselbare Identität der Marke Pontiac. Breitspur war nicht nur ein Name – die

Nicht wenige Amerikaner fragten sich 1958, ob bei General Motors die Chromsucht ausgebrochen war. Die Modelle des Konzerns glänzten alle um die Wette, wobei der Oldsmobile Limited noch etwas zurückhaltender gestaltet war. Dennoch blendete der in 160 Quadrate aufgeteilte Kühlergrill die Betrachter.

Aus heutiger Sicht mag der DeSoto der späten fünfziger Jahre überladen aussehen. Doch im Vergleich zu den Design-Orgien der anderen Hersteller in Detroit war sein Design sogar noch zurückhaltend und elegant. Alle Chrysler-Modelle dieses Jahrgangs waren im Vergleich zu den GM-Kreationen wesentlich angenehmer zu betrachten.

Pontiacs des Jahrgangs 1959 dominierten tatsächlich unmißverständlich die Straßen Amerikas. Die anderen GM-Divisionen setzten auf ähnliche Plattformen, und auch Ford kopierte bald das Konzept. Doch Pontiac war der Erfinder gewesen. So wie Cadillac die Tür zu den fünfziger Jahren geöffnet hatte, zeigte jetzt Pontiac, womit in den sechziger Jahren zu rechnen war.

Doch es gab noch andere Klassiker, die in jener Zeit auf den Markt kamen und die aus verschiedenen Gründen einen wichtigen Platz in der Automobilgeschichte einnehmen. In der Abteilung Design gilt dies für Studebakers zeitloses Starliner Coupé (1953), Chryslers Imperial (1955 – 1956) und Lincolns begeisternden Continental MkII (1956 und 1957). Meilensteine waren auch der erste amerikanische Sportwagen, die Corvette von Chevrolet, und der Zweisitzer Ford Thunderbird (1955 – 1957). Und am unteren Ende des Marktes verdient der Chevrolet Bel Air aus dem Jahr 1955 eine Erwähnung, weil er Leistung mit niedrigem Preis verband.

Im Schatten dieser automobilen Höhepunkte stehen (unverdienterweise) Modelle wie der Crestliner von Ford, der zwischen 1950 und 1951 gebaut wurde und dank seiner Zweiton-Lackierung und Vinyldach auffiel. Der Rambler von Nash war ein erster Versuch, Kompaktwagen in den USA zu bauen und hätte zu einer anderen Zeit vermutlich auch Erfolg gehabt. Doch damals war „klein" noch ein Schimpfwort im amerikanischen Automobilbau. Und dann gab es noch kuriose Modelle wie Mercurys Sun Valley (1954 – 1955) mit einem grüngetönten Plexiglas-Dach. Ein ähnliches Modell gab es 1956 auch von Ford. Der Skyliner schließlich hatte ein Stahldach, das sich mittels zahlreicher Elektromotoren im Kofferraum versenken ließ. Wie das Glasdach verschwand auch diese Konstruktion nach drei Jahren wieder aus den Prospekten.

Eine vermeintlich erfolgreichere Ford-Entwicklung machte 1958 ihr Debüt und wurde nach drei Jahren wieder gestrichen. Der Edsel scheiterte weniger an seinen mangelnden Qualitäten. Er kam vielmehr in der Mitte einer Rezession auf den Markt und zu einer Zeit eines sich verändernden Trends, bei dem die überladenen Formen der Fünfziger nicht mehr gefragt waren. Heute ist es leicht, über den mißlungenen Kühlergrill zu lachen, doch damals war nicht allen Beteiligten nach Lachen zumute. Obwohl der Wagen die geplanten Verkaufszahlen von 100 000 Exemplaren nicht erfüllte, fand er 1958 doch 63 000 Käufer, was die Absatzzahlen der Chrysler-Division übertraf. Dennoch war Ford vom Absatz enttäuscht und hat diesen Flop bis heute nicht vergessen.

Bei so vielen Höhepunkten, die das Jahrzehnt bot, erscheint es irgendwie unfair, mit einem Versager zu enden. Doch so waren die Fünfziger. Höhepunkte wurden von Flops abgelöst, und auch die sind eine Erinnerung wert.

Virgil Exner schuf zwar 1957 als erster die neuen fließenden Formen, doch den Ruhm für dieses neue Design steckte Pontiac zwei Jahre später ein. Wie bei allen Modellen des Konzerns rollten die 58er Dodge-Modelle praktisch unverändert in das neue Produktionsjahr. Im Unterschied zu ihren Vorgängern hatten sie nun zwei Doppelscheinwerfer. Das Bild zeigt einen Dodge Coronet Lancer mit Hardtop-Design, den es auch als Viertürer gab.

Ein automobiles Denkmal der fünfziger Jahre war der Cadillac des Jahrgangs 1959 mit seinen enormen Heckflossen und den hochgesetzten Rückleuchten. 11 130 Exemplare wurden gebaut. Das Bild zeigt ein Cabriolet Serie 62.

Bei Plymouth verpflanzte man 1955, wie bei Chevrolet, einen OHV-V8-Motor unter die Hauben der preiswerten Modelle und spendierte ihnen eine völlig neue Karosserie. Die Form begeisterte die amerikanische Gesellschaft der Illustratoren so sehr, daß sie dem Unternehmen die Auszeichnung „Schönstes Auto des Jahres" verlieh. Zum ersten Mal hatte die Organisation ein Auto bei ihrer jährlichen Preisverleihung berücksichtigt.

Das Pontiac-Design hatte bereits eine neue Richtung eingeschlagen, als Semon „Bunkie" Knudsen die Leitung der GM-Division übernahm. Die Wende hatte im Jahr 1955 mit der Einführung des modernen OHV-V8-Motors begonnen. Knudsen setzte 1959 noch die breitspurigen Karosserien drauf, die zuerst 1957 von Virgil Exner bei Chrysler eingeführt worden waren. Das neue Design war ein sofortiger Erfolg, und das Magzin „Motor Trend" wählte die neue Baureihe zum „Auto des Jahres".

Ford nahm das Styling des Edsel 1959 etwas zurück, was aber die Absatzprobleme des 1958 vorgestellten Modells nicht lösen konnte. Gerade 45 000 Exemplare wurden 1959 gebaut, und 1960 endete dieses Kapitel der Unternehmensgeschichte in aller Stille.

1954
CORVETTE

GESCHWINDIGKEIT IST TRUMPF

IN DEN FÜNFZIGER JAHREN GING LEISTUNG ÜBER ALLES

Obwohl Amerika die fünfziger Jahre ins Herz geschlossen hat und die Mode, Musik und Autos dieser Epoche liebt, ist ein Aspekt aus jenen angeblich glücklichen Zeiten völlig in Vergessenheit geraten. In der Automobilgeschichte, so die gängige Meinung, begann die Epoche echter leistungsstarker Wagen erst in den Sechzigern. Der Beginn dieser Entwicklung wird im allgemeinen mit der Vorstellung des Pontiac GTO im Jahre 1964 definiert. Das Konzept war einfach: viel Leistung in einem vergleichsweise kleinen Wagen. Damit begann angeblich die Entwicklung der Muskelautos.

Doch die amerikanischen Ingenieure hatten sich schon früher in ein PS-Wettrennen geworfen. Und das war lange bevor die GM-Techniker entdeckten, daß der größte V8-Motor einen Mittelklassewagen äußerst schnell von A nach B beschleunigen würde. Natürlich überschatteten die PS-Orgien der sechziger Jahre alle früheren Entwicklungen, doch das muß nicht bedeuten, daß den Kunden der Fünfziger Leistung vorenthalten wurde. Die Qualitäten der Fahrwerke und Bremsen stehen freilich auf einem anderen Blatt. Doch Entwicklungen müssen irgendwann einmal beginnen, und was Leistung angeht, müssen sich die Fünfziger nicht verstecken.

Am Anfang ging es nur um Geschwindigkeit. 1950 stand alleine die Höchstgeschwindigkeit und die Beschleunigung im Vordergrund. 160 km/h, das wußte jedes Schulkind, waren das allein glücklich machende, obwohl es kaum ein Modell gab, daß diese Geschwindigkeit auch tatsächlich erreichte. Und die, die es schafften, brauchten dafür eine kleine Ewigkeit.

Nur 300 Corvettes kamen 1953 in einer begrenzten Auflage und ausschließlich weiß lackiert auf den Markt. Im darauffolgenden Jahr versuchte es Chevrolet wieder und bot den Sportwagen in Schwarz, Rot, Blau und Weiß an.

General Motors hatte im Wettrennen um Leistung und Design einen Frühstart im Vergleich zur Konkurrenz. Oldsmobile-Modelle hatten schon 1949 einen OHV-V8-Motor unter der Haube. Der Olds 88 war damals schon ein früher „Muscle Car", und während die anderen Hersteller noch mit halbautomatischen Getrieben experimentierten oder Vollautomaten entwickelten, hatte der Oldsmobile schon die Hydramatic, die damals den Standard setzte und bereits 1940 gegen Aufpreis lieferbar war.

Bevor der OHV-V8 mit 4,3-Litern Hubraum 1955 seine Arbeit aufnahm, wurde die Corvette von einem Sechszylinder mit 3,8 Litern und 150 PS bei 4200 Umdrehungen angetrieben. Drei Carter-Vergaser sorgten für die Gemischaufbereitung.

Leistung hatte damals ihren Preis und war daher den teuren Wagen vorbehalten. Große Limousinen benötigten leistungsstarke Triebwerke, und 1950 war Cadillac in den Abteilungen Größe und Leistung führend. Unter der Haube arbeitete der moderne OHV-V8 mit 5,3 Litern Hubraum. Die OHV-Technik erlaubte die Konstruktion von neuen Brennräumen mit besseren Wirkungsgraden als bei den alten Motoren aus der Vorkriegszeit. Der neue OHV-V8 von GM öffnete die Tür zu neuen Leistungsstandards.

Mit 160 PS war der Cadillac-Motor der leistungsstärkste Antrieb, doch das erste Muskelauto kam von Oldsmobile, 15 Jahre vor dem Pontiac GTO. Der Oldsmobile Rocket 88 kombinierte die moderne Motorentechnologie mit einem leichteren und preiswerteren Modell als Cadillac. Der Rokket 88 kam 1949 auf den Markt und verband „Futuramic“-Design mit einem Fünfliter-OHV-V8, der 135 PS leistete. Das Modell war in jenen Tagen das Schnellste, was man in den USA bewegen konnte und nahm auch bald eine dominierende Stellung in der 1947 von Bill France gegründeten „National Association for Stock Car Auto Racing“ (NASCAR) ein.

Die anderen Produzenten folgten dem GM-Vorbild und entwickelten OHV-V8-Technologie, um ähnliche Leistungswerte zu erreichen. Studebaker stellte seinen OHV-V8 1951 vor. Lincoln folgte 1952 und Ford sowie Mercury 1954 beziehungsweise 1955.

Die Corvette von Chevrolet war 1954 nicht der einzige Kunststoff-Zweisitzer. Auch Kaiser versuchte sich in diesem Markt und brachte den Darrin-Roadster auf den Markt, der aber nicht nur unter dem schwachen Sechszylinder mit 90 PS litt, sondern vor allem unter der Tatsache, daß Kaiser zu diesem Zeitpunkt bereits so gut wie bankrott war. Nur 435 Exemplare wurden gebaut.

Ein besoders originelles Designmerkmal des Darrin waren die beiden Schiebetüren, die in den vorderen Kotflügeln verschwanden.

Lincoln ging am weitesten und präsentierte den neuen Antrieb in einer völlig überarbeiteten Karosserie nebst modifiziertem Fahrwerk mit Kugelgelenken in der vorderen Aufhängung. Unter der Haube arbeitete ein 5,2-Liter-V8, der 160 PS leistete. Wie der Rocket 88 fühlte sich der Lincoln auf dem Boulevard genauso wohl wie auf der Rennstrecke, was er bei seinen Einsätzen in der „Carrera Panamericana", dem brutalen Rennen durch Mexiko, bewies. Bei dem 1950 zum erstenmal über gut 3000 Kilometer quer durch Mexiko veranstalteten Rennen dominierte Lincoln zwischen 1952 und 1954 seine Klasse. Das Rennen war offen für Serienmodelle und Sportwagen, die aus aller Welt nach Mexiko kamen. Weitere technische Verbesserungen wie zum Beispiel ein Vierfachvergaser hoben die Leistung bis 1953 auf 205 PS an. Damit lag der Lincoln um fünf PS hinter dem Cadillac.

Detroits Hackordnung in Sachen Leistung wurde freilich 1951 durch Chrysler

Der Kaiser Darrin litt 1954 nicht nur unter der zu Rissen neigenden Kunststoff-Karosserie, sondern vor allem unter dem schwächlichen 90-PS-Motor aus dem Teileregal von Willys. Damit konnte man mit dem anderen Zweisitzer der damaligen Zeit nicht mithalten. Am Ende der Bauzeit wurde für besonders wagemutige Zeitgenossen allerdings ein Cadillac-V8 eingebaut.

völlig umgeworfen. Das Unternehmen präsentierte in jenem Jahr eine völlig neue OHV-V8-Maschine und nannte sie passend „Firepower V-8". 15 Jahre später sollte sie sich in den heißesten Muskelantrieb verwandelt haben, den die Sechziger kannten. Wie bei Cadillac hatte der Motor einen Hubraum von 5,3 Litern und eine Verdichtung von 7,5:1. Die Stärke der „Firepower"-Entwicklung lag freilich im Zylinderkopf.

Die Verbrennungsräume hatten eine hemisphärische Form mit einer zentral positionierten Zündkerze und geneigten Ventilen, die von Kipphebeln über parallele Stößelstangen gesteuert wurden. Die sogenannten „Hemi"-Köpfe waren den bisherigen Konstruktionen in allen Belangen überlegen.

Der einzige Nachteil lag in ihrem hohen Gewicht. Doch die gesteigerte Leistung glich dieses Defizit leicht aus. Mit 180 PS

Der Hudson Hornet war die Überraschung der 1951 beginnenden NASCAR-Rennserie und dominierte die Rennstrecken. Seine Herrschaft verdankte er zum einen seiner überragenden Zuverlässigkeit und zum anderen dem unzerstörbaren Sechszylinder. Diese Version eines der „Fabulous Hudson Hornets" steht im Klassix Auto Museum in Daytona Beach.

setzte sich Chrysler an die Spitze der PS-Hierarchie in Detroit.

DeSoto kam 1952 mit einem „Hemi"-Motor mit 160 PS heraus, und Dodge folgte mit einer 140 PS starken Version ein Jahr später. Unter der Haube der leichten Dodge-Modelle fuhr Chryslers Hemi einen Geschwindigkeitsrekord nach dem anderen. Allein im September 1953 brachte der Antrieb 196 Bestleistungen von den Fahrten auf dem Salzsee in Utah nach Detroit.

Der Motorsport spielte damals eine wichtige Rolle in der Weiterentwicklung der Technik und der Werbung. Alle Unternehmen traten auf den Rennstrecken an, um die Überlegenheit ihrer Entwicklungen zu beweisen. Zusammen mit den großen Marken wie Dodge, Lincoln und Oldsmobile war Hudson ein regelmäßiger und erfolgreicher Wettbewerber. 1951 überholte Hudson den Konkurrenten Oldsmobile als dominierende Kraft bei den NASCAR-

Obwohl der Hudson-Motor eine betagte Konstruktion war, hielt er die modernen OHV-V8-Konstruktionen gut in Schach. 1953 wurde für den Fünfliter-Sechszylinder eine Kraftkur angeboten, die im wesentlichen aus Doppelvergasern bestand und für 160 PS sorgte. Das Bild zeigt eine Version aus dem Jahr 1954 mit 170 PS.

Rennen. Die „Fabulous Hudson Hornets" fuhren von Sieg zu Sieg und das ohne modernen OHV-V8.

Bis 1954 beherrschten die Hornets die Rennen mit einem betagten, aber bewährten seitengesteuerten Fünfliter-Sechszylinder, der 145 PS leistete und sich auf ein wuchtiges Drehmoment verlassen konnte. 1953 brachte es der Motor dank eines Doppelvergasers auf 160 PS und ein Jahr später waren es 170 PS. In der Kategorie PS per Liter wurde der „Power-Hornet" nur von Lincoln und Cadillac übertroffen, wobei der Hudson zwei Zylinder weniger als die beiden führenden Marken hatte.

Hudson war nicht das einzige Unternehmen, das ohne V8 auskommen mußte. Auch Chevrolet hatte keine andere Wahl, als mit dem betagten Reihensechszylinder auszukommen. Der vom Chefdesigner Harley Earl und Technikchef Ed Cole erdachte erste echte amerikanische Sportwagen, die

Studebaker vertraute 1953 beim President Speedster auf bewährtes Design. Obwohl die lieferbare Dreiton-Lackierung und der üppige Chromschmuck etwas dick aufgetragen waren, stellte der Wagen eine attraktive Alternative dar und war zudem vollständig ausgestattet.

Corvette, rollte direkt vom Stand der Motorama mit einem Sechszylinder mit 3,7 Litern Hubraum in die Serienproduktion. Von Null auf 100 km/h brauchte der Zweisitzer rund elf Sekunden, was zur damaligen Zeit eine beachtliche Leistung war.

Cole und sein Team verringerten diese Zahl um zwei Sekunden indem sie dem Modell einen OHV-V8 mit 4,2 Liter Hubraum spendierten, der 195 PS leistete. Mit Zora Arkus-Duntov wurde das PS-Rennen aber erst richtig eröffnet. Unter seiner

Der 1955 eingeführte Chevy-Motor mit einem Hubraum von 4,3 Litern war zwar nicht der größte und auch nicht der stärkste Antrieb seiner Zeit, doch brachte er bis dahin unbekannte Leistungsmerkmale in das preiswerte Marktsegment. Mit einem Vierfach-Vergaser leistete der Motor 160 PS bei 4400 Umdrehungen. Die Verdichtung lag bei 8 : 1, was für die damalige Zeit beachtlich war.

Regie bekam die Corvette 1956 ein überarbeitetes Fahrwerk und einen 225 PS starken V8 mit einem Hubraum von 4,3 Litern. Für den Motorsport gab es eine Duntov-Nokkenwelle, die die Leistung auf (inoffizielle) 240 PS anhob. Doch die große Neuheit war 1957 die Einführung einer Benzineinspritzung für den V8 mit 4,6 Litern. Der Motor leistete nun 283 PS und wurde vom Magazin „Road and Track" als absolutes Juwel eingeordnet. Die Zeitschrift ermittelte einen Beschleunigungswert von Null auf 100 km/h von 5,7 Sekunden. Ein Wert, der auch heute noch Beachtung finden würde.

Kein anderer Konkurrent kam der Corvette nahe. Ein anderer Kunststoff-Zweisitzer, der Kaiser Darrin, hatte 1954 einen kurzen Auftritt. Seine Chancen wurden nicht nur durch den schwächlichen Sechszylinder mit 90 PS beeinträchtigt, er hatte auch deshalb keine Chance, weil das Unternehmen Kaiser zum Zeitpunkt seiner Vorstellung bereits auf dem Weg in die Pleite war und bald vom amerikanischen Markt verschwand. Nur 435 Darrins mit den unvergeßlichen Schiebetüren wurden gebaut, bevor Kaiser-Willys 1955 nach Südamerika umzog.

Studebaker versuchte sich auch in dem Segment der sportlichen Modelle. Allerdings war der President Speedster kein direkter Konkurrent für die Corvette. Der 1955 vorgestellte Wagen sollte eigentlich ein Cabriolet werden, doch wurde der Plan bald wieder aufgegeben. Simulierte Speichenräderabdeckungen, Nebelscheinwerfer, Zweitonlackierung, komplette Instrumentierung einschließlich eines bis 8000 Umdrehungen reichenden Drehzahlmessers machten den Wagen zu einem interessanten Angebot. Der V8 mit 4,2 Litern Hubraum und 185 PS hatte entweder ein Dreiganggetriebe oder eine Automatik. Von Null bis 100 km/h vergingen weniger

Während Chevy 1955 mit dem völlig neuen OHV-V8 die Schlagzeilen gehörten, beeindruckte Dodge die etwas wohlhabenderen Kunden mit dem leistungsstarken „Hemi-V8-Motor". Der gegen Aufpreis lieferbare „Red-Ram-V8" leistete dank eines Carter-Vierfachvergasers 193 PS bei einer Verdichtung von 7,6 : 1. In jenen Tagen dominierte Chrysler das Leistungswettrennen in Detroit.

Chevrolet konnte von 1957 an eine ganze Reihe von leistungsstarken Motoren anbieten. Das Leistungsband begann mit 185 PS beim 4,6 Liter großen Smallblock. Zwei Vierfachvergaser brachten den Motor auf 270 PS. Für den Kunden, der noch mehr wollte, stand der Motor mit Benzineinspritzung aus der Corvette mit entweder 250 PS (Verdichtung: 9,5 : 1) oder 283 PS (Verdichtung: 10,5 : 1) zur Verfügung.

als zehn Sekunden und die Höchstgeschwindigkeit lag bei rund 175 km/h. Das war nicht schlecht, doch wie der Darrin verschwand auch der Speedster nach einem Jahr wieder und überließ der Corvette die Rolle als Amerikas einzigem Sportwagen.

Diese Rolle bestreitet der Corvette niemand. Dafür ist eine andere Behauptung, die Chevrolet gerne verbreitet, falsch. Angeblich war die 57er Corvette der erste Wagen, der es auf ein PS per cubic inch brachte. Dieses Verdienst gebührt freilich der 300er-Baureihe von Chrysler. Ein Jahr, bevor Chevrolet mit der Benzineinspritzung auf den Markt stürmte, konnten Chrysler-Kunden den 300B mit 355 PS aus 354 cubic inch (5,6 Liter) bestellen. Und das war mehr als ein PS per cubic inch.

John Dolza hatte als erster 1955 die Benzineinspritzung für Chevrolet entwickelt. Doch erst als Cheftechniker Ed Cole 1956 Zora Arkus-Duntov mit der Weiterentwicklung betraute, kamen die Dinge ins Rollen. Von 1957 bis 1965 war die Benzineinspritzung die Top-Option. Die Ramjet-Einspritzung wurde 1957 auch in einige Limousinen eingebaut, wovon einige auch noch 1958 und 1959 profitierten.

Die 300er-Baureihe hatte ihren Namen nach den verfügbaren PS erhalten. 1955 war der C-300 das erste in Detroit hergestellte Automobil mit 300 PS. Die Leistung produzierte der bewährte Hemi-Motor mit einem Hubraum von 5,4 Litern mit Vierfachvergasern, einer Verdichtung von 8,5 : 1 und einer scharfen Nockenwelle. Nicht nur unter der Motorhaube konnte der C-300 überzeugen, auch seine äußere Hülle mit dem imposanten Kühlergrill und der Lederinnenausstattung machte ihm viele Freunde. Leistung kannte keine schönere Verpackung in dieser Zeit und auch nicht in späteren Tagen.

Nach dem C-300 kamen 1955 der 300B, 1957 der 300C und so ging es dann weiter. Der Hemi-Motor wuchs auf 5,8 Liter beim 300B (340 PS) und stieg 1957 auf 6,4 Liter, um schließlich 1959 6,7 Liter beim 300E zu erreichen. Die höchste Leistungsausbeute wurde 1957 und 1958 mit 390 PS erreicht. Kein anderer Hersteller kam diesem Wert auch nur nahe.

Natürlich waren diese starken Autos keine Sonderangebote. Wer über so viele

Oben:
Die 1955 eingeführte 300er-Serie von Chrysler stahl allen anderen Modellen die Show, vor allem denen von Lincoln. Der Hemi-V8-Motor unter der Haube des C-300 entwickelte 1955 300 PS und war damit der leistungsstärkste Serienwagen aus Detroit. Nach dem Facelift 1957 bot er zusätzlich noch eine äußerst elegante Blechhülle.

Rechts:
Der C-300 mit 300 PS wurde 1956 vom 300B mit 355 PS aus 5,8 Litern Hubraum übertroffen. Der Wagen war das erste Modell, das mehr PS als cubic inch unter der Haube hatte. 1959 leistete der hier abgebildete Hemi mit 6,4 Litern 375 PS. Wem das noch nicht reichte, der konnte gegen einen Aufpreis von 500 Dollar dank einer höheren Verdichtung (10 : 1) und einer scharfen Nockenwelle die Leistung auf 390 PS steigern.

Chevrolets Sprung in die Leistungsgesellschaft mußte Ford natürlich folgen, und so bot man seit 1957 den Fünfliter-V8 in den Limousinen und dem Zweisitzer Thunderbird an. Dieser 1957 gebaute Fairlane ist mit dem seltenen aufgeladen Fünfliter ausgestattet, eine Option, die zusammen mit Fords beiden Vierfachvergaser-Motoren bald wieder auf Betreiben des amerikanischen Automobilverbands aus dem Programm verschwand.

Der Doppelvergaser-Motor leistete 1957 satte 270 PS. Mit dem sogenannten Y-Block brachte es der Motor, unterstützt von einem McCulloch-Kompressor auf 300 PS. Ein Rennkit für NASCAR-Veranstaltungen brachte die Leistung angeblich auf 340 PS.

PS verfügen wollte, mußte ein entsprechendes Konto haben. Doch Chrysler dachte auch an die weniger begüterten Leistungsfreunde und bot den Hemi-Motor mit einem Hubraum von 5,3 Litern und 260 PS im Dodge D500 an. Der für den Sport entwickelte Wagen fiel nicht sonderlich auf, erreichte aber bei seinen Renneinsätzen gute Erfolge. Bis zum Ende des Jahrzehnts gehörten D500 und Super D500-Versionen zum Angebot von Dodge.

Zur gleichen Zeit, als Dodge mit dem D500 auf den Markt kam, brachten DeSoto und Plymouth ihre Kraftpakete zu den Händlern. DeSotos Adventurer kam 1956 mit einer eierschalenfarben und gold lackierten Karosserie heraus. Unter der Haube arbeitete ein Hemi-Motor mit 5,5 Litern und 320 PS. In ungefähr zehn Sekunden kam die schwergewichtige Limousine von Null auf 100 km/h. Obwohl er im folgenden Jahr etwas an Exklusivität verlor, blieb der Adventurer das DeSoto-Flaggschiff bis in die sechziger Jahre.

Der Fury von Plymouth war ursprünglich ein in begrenzter Stückzahl gebautes

Der President Speedster wurde nur ein Jahr lang gebaut und schon 1956 vom Golden Hawk abgelöst, der von Packards schwergewichtigem V8 mit 5,6 Litern Hubraum und 275 PS angetrieben wurde, der freilich seine Probleme hatte, das schwere Modell in Schwung zu bringen. Daher bekam der Golden Hawk 1957 einen Studebaker-V8 mit 4,7 Litern, der den fehlenden Hubraum mittels Aufladung ausglich und ebenfalls 275 PS leistete. Wie der Speedster hatte auch der Golden Hawk eine vollständige Ausstattung. Die aufgeladenen Modelle der Baureihe wurden 1957 und 1958 angeboten.

Modell, ebenfalls eierschalenfarbig mit goldenen Verzierungen. Doch für Plymouth gab es keinen Hemi-V8. Er hatte einen Motor mit einem Hubraum von 4,9 Litern, der 240 PS leistete. Wesentlich leichter als der DeSoto erreichte er 100 km/h schon nach neun Sekunden. Und im Gegensatz zum Adventurer blieb der Fury bis 1958 ein exklusives Sondermodell. 1959 wurde der Name für die normale Modellpalette entfremdet, und der Sport Fury übernahm die Rolle als Spitzenmodell.

Neben den exklusiven Leistungsträgern, die sich nur eine Minderheit leisten konnte, war die Vorstellung von Chevrolets Bel Air im Jahre 1955 die wichtigste Nachricht für die Automobilkunden. Der gegen Aufpreis lieferbare OHV-V8 war nicht der stärkste und auch nicht der schnellste Antrieb seiner Zeit. Doch nun konnten auch weniger betuchte Kunden in eine neue Leistungsklasse aufsteigen. Und der V8 mit 4,3 Litern Hubraum war erst der Anfang.

1956 verpflanzte Chevrolet einiges der Corvette-Leistung unter die Haube der Brot-und Butter-Autos, indem der Doppelvergaser-Motor mit einem Hubraum von 4,3 Litern gegen Aufpreis lieferbar wurde. Tom McCahill vom Magazin „Mechanix Illustrated“ nannte den 56er Chevy den „besten Leistungskauf der Welt“. Und: „Chevrolet hat einen Ferrari für weniger

Der aufgeladene 4,7-Liter-Motor leistete wie der Packard-Antrieb 275 PS, wog aber knapp 100 Pfund weniger. Der Golden Hawk war dadurch ein wesentlich handlicheres Auto geworden. Der Ladedruck des Kompressors von Jet Stream betrug fünf psi. Um diesen Druck auszugleichen, wurde die Verdichtung auf von 8,3 : 1 auf 7,8 : 1 zurückgenommen.

wohlhabende Kunden vorgestellt. Die Maschine dreht ohne Probleme bis jenseits der 6000-Marke." Mit einer Benzineinspritzung, die es als Extra gab, ließ sich die Leistung auf 283 PS steigern.

Pontiac zog mit der Benzineinspritzung 1957 nach und bot das in begrenzter Auflage produzierte Bonneville Cabriolet mit einem 5,7 Liter großen Motor an, der 310 PS leistete. Das Modell sollte ein für allemal beweisen, daß Pontiac endlich den Ruf, Autos für die ältere Generation zu bauen, abgelegt hatte. Neben dem Bonneville hatte Pontiac auch einen Antrieb mit Dreifachvergaser im Angebot, der an den Oldsmobile mit J2-Ausrüstung erinnerte.

Die Aufrüstung der Gemischaufbereitung war in den Fünfzigern eine weit verbreitete Methode, um zu mehr Leistung zu kommen. Chevrolet, Chrysler, Packard,

Cadillac und Ford boten Doppel- und Vierfachvergaser an, wobei Ford 1957 auch Limousinen und den zweisitzigen Thunderbird damit ausrüstete. Doch diese Art der Aufrüstung wurde von der Automobile Manufacturers Association (AMA) verboten, die aus dem Motorsport stammende technische Lösungen aus den Serien-Modellen verbannte. Der AMA-Bann verhinderte auch einen aufgeladenen Motor, mit dem der Thunderbird eine ernsthafte Konkurrenz für die Corvette geworden wäre. Mit aufgeladenen Motoren wurde auch von Kaiser (1954 und 1955) und Studebaker im Golden Hawk (1957–1958) experimentiert.

Dreifachvergaser tauchten 1958 wieder bei General Motors im Chevrolet mit „W-Kopf“ und einem Hubraum von 5,7 Litern auf. Der V8 mußte nun ein wesentlich schwereres Modell antreiben. Der Motor hatte seine Laufbahn als Antrieb für einen Lastwagen begonnen und wurde dann zu einem zuverlässigen Aggregat, das bei den schwergewichtig gewordenen Chevys für Vortrieb sorgen sollte.

Die Chevy-Limousinen hatten 1958 beachtliche Ausmaße angenommen. Um die riesigen Impalas zu bewegen, verpflanzten die Ingenieure den neuen W-Kopf mit 5,7 Litern unter die Haube und luden ihn auf. Die Corvette mit dem 4,6 Liter großen Small Block mit Benzineinspritzung leistete 1958 290 PS.

Der 1956 eingeführte D500-Motor war unter anderem für den Einsatz bei NASCAR-Rennen gedacht, arbeitete aber auch unter der Haube von normalen Limousinen wie eleganten Cabriolets. Dieses äußerst seltene Coronet Cabrio aus dem Baujahr 1957 ist eines von 3 000 zwischen 1956 und 1961 gebauten Exemplaren. Dank seiner 285 PS benötigte der D500 von Null bis 100 km/h gerade 8,5 Sekunden wie das Magazin „Sports Car Illustrated" ermittelte.

In den späten fünfziger Jahren stand Detroit ganz unter dem Eindruck, daß Größe alles ist, und so wuchsen die Autos in die Länge und Breite, und die Motoren folgten. Hubräume von 6,5 Litern waren nichts Außergewöhnliches, und die 400-PS-Grenze wartete darauf, gebrochen zu werden. Auf dieser Entwicklung konnte man in den sechziger Jahren aufbauen. Genau das tat Detroit.

Zwischen 1956 und 1958 brachte Chrysler den Fury in begrenzter Auflage auf den Markt. Die Modelle waren nur in einer Lackierung lieferbar. Eierschalenfarbe war die Wahl 1956, in den Jahren 1957 und 1958 war es Beige. Die drei Sondermodelle strotzten nur vor Gold-Applikationen – innen und außen. Dieser 1958 gebaute Fury wurde von einem ebenfalls goldlackierten Fünfliter-V8 mit Doppelvergaser, der 295 PS leistete, angetrieben.

Auch den Adventurer gab es 1956 wie den Fury nur in begrenzter Auflage mit viel Gold. Allerdings konnten die Kunden zwischen mehreren Farben wählen. 1959 rollte das letzte Modell der Baureihe von den Bändern. Damals wurden auch Liegesitze eingeführt. Dieser 1959 gebaute Adventurer ist einer von 590 gebauten. Daneben entstanden noch 97 Cabrios. Unter der Haube arbeitet ein 350 PS starker OHV-V8 mit 6,3 Litern Hubraum.

Die Ventilabdeckungen des neuen Chevy-Motors erinnerten an ein W, was dem Antrieb seinen Namen gab. Der „W-Kopf" wurde 1958 vorgestellt und trieb die schwergewichtigen Modelle des Hauses an. Mit einem Vierfachvergaser standen zunächst 250 PS zur Verfügung. Mit den hier abgebildeten drei Rochester-Doppelvergasern stieg die Leistung auf 280 PS.

KAISER
Dragon

Die unabhängigen Hersteller

Immer im zweiten Glied

Heutzutage überflutet eine kaum übersehbare Modellflut den Markt, und die Liste der Automarken, die um die Gunst der Kundschaft wirbt, wird von Tag zu Tag länger. Ganz gleich, nach was für einem Modell man sucht, die Auswahl ist riesig. In den USA gab es eine Zeit, da bestimmten im wesentlichen die „Großen Drei", welche Autos das amerikanische Publikum in der kommenden Saison fahren sollte. Höchstens ein paar Importeure und American Motors waren noch auf dem Markt zugelassen.

Dabei spielten noch in den dreißiger und vierziger Jahren eine Vielzahl von Marken eine nicht unbedeutende Rolle. Der erste Einschnitt kam mit der großen Depression Ende der zwanziger Jahre, als zahlreiche Produzenten die Segel streichen mußten. Vor dem Krieg produzierten so klangvolle Firmen wie Auburn, Apperson, Chalmers, Cord, Duesenberg, Graham-Paige, Marmon, Moon, Peerless, Pierce-Arrow, Stutz, Westcott und Winton Autos für die Amerkaner. Daneben gab es eine Unzahl von kleineren Herstellern, die allerdings bald wieder verschwanden.

Die große Depression machte diesen Unternehmen ein Ende, und als der Zweite Weltkrieg ausbrach, hatten Ford, Chrysler und General Motors den Markt im wesentlichen unter sich aufgeteilt. Die anderen Hersteller liefen unter dem Sammelbegriff „die Unabhängigen". Wie die drei großen

Der 1953er Kaiser Dragon wurde vom Unternehmen als Hardtop bezeichnet, war aber ganz offensichtlich eine viertürige Limousine mit B-Säule. Der Dragon war 1951 als Variante eines anderen Modells auf den Markt gerollt, wurde aber 1953 eine eigene Baureihe, die durch den üppigen Verbrauch von Vinyl auffiel. Das Material fand sich nicht nur auf dem Dach wieder sondern auch an den Seitenteilen des Innenraums, im Kofferraum und sogar im Handschuhfach. Die Speichenräder gab es gegen Aufpreis, die vergoldeten Karosserieteile waren serienmäßig.

Konzerne in Detroit wurden auch die Unabhängigen, die die große Depression überlebt hatten, mit Militärverträgen bedacht. Als sich der Krieg dem Ende zuneigte, verkündete Präsident Franklin D. Roosevelt, daß man den konzernunabhängigen Firmen jede Chance geben wollte, um auch die nächsten Jahre zu überleben.

Das erste Unternehmen, das Roosevelts Aussage auf die Probe stellte, war die Kaiser-Frazer Corporation, die im August 1945 gegründet worden war. Die Gründer waren der ehemalige Chef von Graham-Paige, Joe Frazer und der Werftbesitzer Henry Kaiser, die die riesige Fabrik in Willow Run bei Detoit von der Wiederaufbau-Behörde pachteten. Das Gebäude war damals eines der größten seiner Zeit und war 1940 von Ford gebaut worden, um Kampfflugzeuge herzustellen. Der Beginn der Produktion in Willow Run zeugte vom Optimismus der beiden Firmengründer, der zu dieser Zeit auch begründet schien. Doch die Geschichte sollte anders verlaufen.

Nachdem das junge Unternehmen die großen Drei im Rennen um den ersten echten Nachkriegs-Neuwagen geschlagen hatte, stand Kaiser-Frazer an der Spitze der unabhängigen Hersteller und verkaufte mehr Autos als die etablierten Firmen Studebaker, Nash, Hudson und Packard. Doch schon Anfang der fünfziger Jahre ging es mit dem neuen Unternehmen

Studebaker war 1947 stolz, aller Welt verkünden zu können, daß man den „ersten echten Nachkriegswagen" zu den Händlern gerollt hatte. Drei Jahre später hatten fast alle anderen Hersteller Studebaker hinter sich gelassen. Das Modell des Jahres 1950 verwirrte mit seiner Form die Kunden, die sich fragten, ob der Wagen nun kommt oder wegfährt.

Amerika war für den pfiffigen Kleinwagen Henry J noch nicht reif. Diese 53er Corsair-Version rollt auf später aufgezogenen Reifen. Im Jahr 1953 wurden 16 672 Exemplare gebaut, ein Jahr später waren es nur noch 1123.

bergab. Wie viele andere kleinere Firmen litt Kaiser-Frazer unter fehlenden Finanzen, die einen echten Wettbewerb ermöglicht hätten. 1947 verkaufte K-F 144 507 Autos im darauffolgenden Jahr waren es 181 316, 1950 noch 146 911, und von da an gingen die Absatzzahlen ständig zurück. 1951 wurden 99 343 Exemplare verkauft, 1952 noch 75 292 und nur noch 21 686 im Jahr 1953. Der Frazer, das teurere Modell im Programm, wurde bereits 1951 aufgegeben, so daß Kaiser alleine für eine kurze Zeit übrig blieb.

Bereits 1951 hatte Henry Kaiser begonnen, mit dem Chef von Willys-Overland, Ward Canaday, über eine Übernahme des Unternehmens zu reden, das sich seit 1907 mit wechselndem Erfolg im Markt hielt. Das bekannteste Produkt ist zweifellos der legendäre Jeep. Willys begann in der Nach-

Nicht nur General Motors kam 1953 mit einem „Traumwagen" auf den Markt, auch Packards Cabriolet Caribbean war ein direkter Nachkomme des von Designer Richard Arbib 1952 vorgestellten Prototyps. Dick Teague, Stylist bei Packard, fügte noch einige Details hinzu und machte das Modell serienreif. Dazu gehörten die Öffnung in der Motorhaube, runde Radausschnitte und das Reserverad am Heck. Die Speichenräder gaben dem Wagen noch einen Hauch von Exklusivität. 1953 entstanden nur 753 Cabriolets, ein Jahr später waren es 400. 1955 kam der Wagen in einer Dreiton-Lackierung auf den Markt und 500 Exemplare wurden abgesetzt. 1956, im letzten Produktionsjahr, wurden 276 Cabriolets und 263 Coupés verkauft.

kriegszeit mit der Produktion von Kombis und stellte 1948 den praktischen Jeepster vor. In dem Markt der Personenwagen wagte sich Willys 1952 mit seiner innovativen „Aero"-Baureihe, einem praktischen Kleinwagen.

Im Sommer 1953 übernahm Kaiser Willys, und die Produktion der beiden Marken wurde in Toledo, Ohio, zusammengefaßt. Die riesige Fabrik in Willow Run wurde General Motors überlassen. Es war allerdings der Anfang vom Ende, wenigstens in den USA. Der Zusammenschluß konnte beide Unternehmen nicht retten, und so ging das Unternehmen nach Argentinien.

Es war zwar ein kurzer Auftritt, doch Kaiser-Frazer hatte während seiner kurzen Existenz einiges zu bieten. Dazu gehörten ein viertüriges Hardtop, ein viertüriges Cabriolet und das erste Fließheck-Modell der USA, den Traveller. Zu den innovativen Modellen gehörte schließlich auch noch der kompakte Henry J, der 1951 vorgestellt wurde, und der zweisitzige Darrin, Amerikas erster Kunststoff-Sportwagen. Was das Aussehen der Modelle anging, mußte sich K-F nicht verstecken.

Obwohl mit einem wesentlich geringeren Budget ausgestattet, folgte K-F allen Designrichtungen, die in Detroit ausgedacht wurden. Howard „Dutch" Darrin war für das Design verantwortlich. Der frühere Packard-Designer schuf auch die neuen Formen des Jahres 1951, doch auch er konnte das Problem nicht lösen, daß das Unternehmen viel zu lange einer Silhouette treu bleiben mußte, weil das Geld für neue Karosseriepressen fehlte und sich das Publikum irgendwann langweilte. Kaiser hatte auch nie genügend Geld, um einen modernen OHV-V8 zu entwickeln.

Das war bei Studebaker anders. Der Hersteller, der sich ebenfalls rühmte, das erste

Nash erging es 1949 mit der Vorstellung der aerodynamisch gestalteten Airflyte-Baureihe nicht viel besser als später Ford mit dem Edsel. Die „Badewannen" waren das Ziel zahlloser Witze, obwohl die Modelle wahrscheinlich die windschnittigsten Autos ihrer Zeit waren. Neben der großen Baureihe gab es von 1950 an noch den kleinen Rambler, der erste erfolgreiche kompakte Wagen, den es sogar als Cabrio-Limousine gab.

Bevor Nash 1950 mit dem kompakten Rambler auf den Markt rollte, versorgte Powell Crosley Jr. die Kleinwagenfreunde. Er hatte die kleinsten, jemals in den USA gebauten Autos. Im Hintergrund steht eine Crosley-Limousine aus dem Jahr 1951. Crosley baute auch einen Kombi und offene Sportwagen, bevor die Firma 1952 die Produktion einstellte. Im Vordergrund steht ein gelber, 1950 gebauter Scorpion, der eine Kunststoff-Karosserie hatte, die ursprünglich von der Firma Wilro in Pasadena angeboten worden war. Der rote Wagen rechts ist ein King Midget aus dem Jahr 1958, den man als Bausatz bestellen konnte. Zwischen 1947 und 1970 wurden in Athens, Georgia, 5 000 Exemplare hergestellt.

Neben kleinen Autos für den Alltag bot Crosley auch dieses kleine Nutzfahrzeug für Landwirte an. Der 1950 vorgestellte Farm-O-Road war für „große Arbeiten auf kleinen Höfen oder kleine Arbeiten auf großen Höfen" gedacht. Gegen Aufpreis gab es eine Pickup-Version. An die hintere Hydraulik konnten Pflüge, Eggen, Mäher, Säher und ähnliches angeschlossen werden. Im Jahre 1959 brachte Crofton Marine Engineering in San Diego die kleine Maschine als Crofton Bug und Brawney Bug auf den Markt.

neue Nachkriegsmodell auf den Markt gebracht zu haben, irritierte im Jahr 1950 die Öffentlichkeit mit einem Auto, von dem es hieß, daß man nie genau wüßte, ob es sich näherte oder entfernte. Das lag hauptsächlich an der hinteren Panoramascheibe. Den Kritikern verging allerdings 1951 das Lachen, als das Unternehmen einen modernen OHV-V8 vorstellte, der für das Unternehmen einen echten Kraftakt bedeutete. Fast 100 Jahre zuvor hatte Studebaker in South Bend, Indiana, als Hersteller von Kutschen begonnen.

Wie Kaiser vertraute auch Studebaker auf Design, um die Kunden von den marktbeherrschenden Konzernen in Detroit wegzulocken. Obwohl Raymond Loewy als der Mann gilt, der für die eleganten Stude-

baker-Modelle verantwortlich war, verdienen auch die jungen Designer, die unter seiner Leitung arbeiteten, mindestens genauso viel Lob. Dazu gehörte Virgil Exner, bevor er sich in Richtung Chrysler verabschiedete, und Robert Bourke. Auf sie ging auch der Starliner Hardtop 1953 zurück, der es in Sachen Eleganz mit allen anderen Modellen aufnehmen konnte.

Im Jahre 1953 war Bourkes Entwurf, der auch „Loewy-Coupé" genannt wurde, eine elegante Erscheinung. Wie bei Kaiser blieb er einige Jahre im Programm und wurde mangels Geld für einen komplett neuen Entwurf immer wieder verändert. Neue Karosseriepressen konnte sich Studebaker nicht leisten. GM, Ford und Chrysler hingegen investierten Jahr für Jahr Millionen in neue Autos. Die kleineren Hersteller hatten nicht diese Finanzkraft. Und wie Kaiser zuvor, suchten auch die Studebaker-Verantwortlichen nach Partnern, um zu überleben.

Im Juni 1954 trafen sich die beiden Studebaker-Manager Harold Vance und Paul Hoffman mit Packards James Nance und verkündeten wenig später den Zusammenschluß der beiden Firmen. Packard, eine frühere Größe in der amerikanischen Automobil-Welt, die sich noch 20 Jahre zuvor mit

Kaiser-Frazer gehörte wie Nash zu den innovativen Unternehmen seiner Zeit. Nachdem die Pläne, einen Fronttriebler auf den Markt zu bringen, gescheitert waren, sorgte die Firma mit anderen Modellen für Aufsehen. Dazu gehörten die 1951 in dieser Anzeige präsentierten viertürigen Hardtops, die einzige in den USA produzierte viertürige Cabriolimousine und das erste Heckklappen-Modell, der Traveller. Doch die Kreativität konnte das Unternehmen nicht retten. Die Druckerschwärze dieser Anzeige war noch nicht getrocknet, da war die Firma schon bankrott.

Im Jahre 1947 präsentierte Studebaker den ersten echten Nachkriegswagen, der jedoch 1950 viel an Reiz verloren hatte und ein neues Design nötig machte. Die von Robert Bourke, der unter dem Star-Designer Raymond Loewy arbeitete, entwickelte Lösung ließ nur zwei Reaktionen zu. Entweder man liebte sie oder man haßte sie. (Foto: Earl Davis)

Duesenberg den Markt der exklusiven Limousinen geteilt hatte, war im Kampf mit Cadillac und Lincoln in den fünfziger Jahren in Schwierigkeiten geraten.

Packard war der erste Anbieter eines Automatikgetriebes, der 1949 eingeführten berühmten „Ultramatic“, doch die Modelle des Jahrgangs 1950 erinnerten zu sehr an die Stilelemente der Vorkriegszeit, und der betagte Reihenachtzylinder konnte die Kunden nicht begeistern. Auch das neue Design von 1951 und ein weiterer Versuch im Jahr 1955 zusammen mit einem neuen Fahrwerk sowie einem OHV-V8 konnte den Absturz nicht aufhalten. Nachdem man 1949 noch 104 593 Luxusmodelle verkauft hatte, sackte der Absatz bis 1954 auf 27 307 Exemplare.

Nance benötigte dringend neue Geldquellen, um die völlig neuen Modelle des Baujahrs 1955 zu bezahlen und schloß sich daher mit Studebaker zusammen, das selbst große Finanzprobleme hatte. Die Übernahme von Studebaker verzögerte aber nur Packards Untergang. Im Juli 1956 kaufte Curtiss Wright Studebaker-Packard auf. Nance trat kurz darauf zurück, und die Packard-Fabrik in Detroit wurde im August geschlossen. Auch wenn der Name Studebaker-Packard es noch in die sechziger Jahre schaffte, wurden die letzten Packards, in Wahrheit Studebakers mit Packard-Mar-

War die Frontpartie schon ziemlich kontrovers, so sorgte die Panoramascheibe im Heck des Studebaker für die Standardfrage: „Kommt er oder fährt er weg?“. (Foto: Earl Davis)

kenzeichen, im Juli 1958 in South Bend, Indiana, gebaut.

Hatte sich Nance verkalkuliert? Ursprünglich hatte er geplant, den Zusammenschluß von Studebaker und Packard in einem noch größeren Schulterschluß der kleineren Produzenten enden zu lassen. Das sollte unter dem Dach der American Motors Corporation stattfinden. George Mason, Chef von Nash-Kelvinator in Kenosha, Wisconsin, war die treibende Kraft hinter den Plänen, die Unabhängigen zusammenzuschließen, um so besser gegen die drei Giganten in Detroit antreten zu können. Der erste Teil seines Plans wurde am 22. April 1954 Wirklichkeit, als Nash und Hudson unter einem Konzerndach Schutz suchten.

Unter Masons Führung war Nash ein Pionier im Markt der Kompaktwagen geworden und hatte im März 1950 zunächst den Rambler und vier Jahre später den noch kleineren Metropolitan vorgestellt. Damals und heute wirkten die neuen Nachkriegsformen von Nash auf viele Zeitgenossen lächerlich. Sie vergessen freilich, daß die „Airflyte“-Serie aerodynamisch und innovativ war. Neben den kompakten Modellen baute Hudson große Wagen, verließ aber auch dort den Zeitgeist, indem

Hudsons bestes Design war auch gleichzeitig das letzte des Unternehmens, das 1954 mit Nash zusammengelegt wurde und danach als „Hash“ weiter existierte.

Der Hornet des Jahres 1954 war eines der elegantesten Modelle, das in jenen Jahren in den USA gebaut wurde.

man 1948 mit einem abgespeckten Design auf den Markt kam. Masons American-Motors-Zusammenschluß beendete alle Design-Experimente. Die AMC-Produktion wurde in Kenosha zusammengefaßt, wo der neue Hudson viel Technik und Design von Nash erbte. Böse Zungen bezeichneten das neue Modell als „Hash“. Der letzte Hudson verließ am 29. Oktober 1954 die Fabrik in Detroit.

Die zweite Hälfte seiner Pläne, die Verbindung mit Studebaker-Packard, erreichte nie einen Abschluß. Über die Gründe ist viel gerätselt worden. Ein enscheidender Grund lag zweifellos im Tod von Mason, der am 8. Oktober 1954 einer Lungenent-

Die vermutlich am meisten begehrte technische Leistung der fünfziger Jahre war der moderne OHV-V8-Motor, der den betagten seitengesteuerten Achtzylinder ablöste. Der neue Antrieb hatte seinen ersten Höhepunkt, als 1955 Chevrolet und Plymouth im preiswerten Segment die neue Technik einführten und Pontiac und Packrd nachzogen. Doch selbst der moderne V8 mit 5,7 Litern konnte das traditionsreiche Unternehmen Packard nicht mehr vor dem Untergang retten.

zündung erlag. Masons Nachfolger bei American Motors, George Romney, wollte keine weitere Verbindung mit zwei offensichtlich dahinsiechenden Unternehmen. Und das war das Ende der ehrgeizigen Pläne. Packard ging seinem Ende in den sechziger Jahren entgegen, und bei American Motors verschwanden Hudson und Nash 1958. Alleine der kompakte Rambler wurde weiter produziert, was zu seiner Zeit eine richtige Entscheidung war. 1960 baute sogar Detroit kleine Wagen.

In den sechziger Jahren waren kompakte Modelle auf einmal gefragt, nachdem sie jahrzehntelang verpönt waren. In den Fünfzigern standen Kleinwagen auch bei den Kunden nicht hoch im Kurs. Sie glaubten schließlich, was Detroit ihnen verkündete: groß ist gut. Dennoch versuchten es immer wieder Produzenten, kleinere

In einem letzten Versuch, bevor sein Unternehmen durch Studebaker in den Untergang getrieben wurde, brachte James Nance 1955 den modernen Clipper auf den Markt. Die Firma hatte in den Wagen alle vorhandenen (und auch nicht vorhandene) Geldmittel investiert und bot die Limousine mit einem neuen OHV-V8 und einem neuen Fahrwerk mit Reibungsdämpfern an.

Modelle anzubieten, wobei Nash wahrscheinlich am erfolgreichsten war, obwohl auch Kaiser mit dem Henry J (1951 – 1952) ein ernsthaftes Angebot im Programm hatte.

Wer damals einen richtigen kleinen Wagen haben wollte, für den kam allerdings nur ein Crosley in Frage. Kleiner ging es nämlich wirklich nicht mehr. Powell Crosley stellte Kühlschränke her, betrieb Radiosender, war Eigentümer des Baseballteams Cincinnati Reds und baute bereits 1939 einen Kleinwagen. Als seine Minis 1946 wieder auf den Markt rollten, wogen sie gerade 520 Kilo, hatten einen Radstand von zwei Metern und kosteten weniger als 1000 Dollar. Im Jahr 1949 überraschte er die Kundschaft mit vier Scheibenbremsen und einem neuen Vierzylindermotor. Bremsen und Motor hatten ihre Schwä-

Portrait of Craftsmanship in Action
1958
The all new Packard Hawk
PACKARD
THE MOST ORIGINAL CAR ON THE AMERICAN ROAD
You will find no other car like the Packard Hawk. It is the most original and distinctive automobile crafted in America, styled to match the tempo of our times. Its unique flowing lines are aerodynamic. Its fins: functional. It is designed with that imaginative flair you only expect to find in Europe's most fashionable automobiles. Faithful to its thoroughbred breeding, the Packard Hawk is a luxury automobile with smooth, soft leather seats and elegant, tasteful interior appointments.
Extra Power from Built-in Supercharger
Its appearance is complemented by power from a highly efficient V-8 engine with a built-in supercharger, capable of instantaneous acceleration, or smooth performance under the most trying conditions of stop-and-go traffic. The supercharger with variable speed drive cuts in automatically as needed, for acceleration or extra power for passing or hill climbing, but when not in use, costs nothing extra in gasoline. It is a design for power, with economy.
The Packard Hawk is the new car with a regal air that immediately distinguishes its owner as a man of position. Put yourself in that position . . . behind the wheel of a Packard Hawk, soon.
Studebaker-Packard offers the most varied line of cars in America. See them all . . . economy cars . . . sports cars . . . station wagons . . . luxury sedans and hardtops.
Visit your Studebaker-Packard dealer today!
Studebaker-Packard
CORPORATION
Where pride of Workmanship comes first!

Oben:
Der Hornet aus dem Jahr 1955 war eigentlich ein Nash mit einem Hudson-Modellnamen. Der Wagen repräsentiert das Ende eines einstmals stolzen unabhängigen Herstellers, der lange Zeit gegen die Übermacht der „Großen Drei" aus Detroit gekämpft hatte. Das Bild zeigt einen von 4449 V8-Hornets, die 1955 gebaut wurden, und ist mit Klimaanlage ausgestattet, ein Extra, das damals sehr teuer war.

Links:
Während Nash und Hudson sich zu American Motors zusammenschlossen, gingen in South Bend, Indiana, Studebaker und Packard zusammen. Aus den Packards der folgenden Jahre wurden Studebakers mit einem Packard-Typenschild. Leider hatte der Packard des Jahres 1957 nicht nur ein geändertes Typenschild, sondern auch eine furchtbar gestaltete Frontparie, die ihn zum Flop machte. 1958 hatte Studebaker ein Einsehen, und Packard verschwand vom Markt.

Designer Phil Wright und Technikchef Clyde Paton waren mit ihrem kleinen Willys Aero ihrer Zeit voraus. Das 1952 vorgestellte Kompakt-Modell ließ sich leicht fahren und hätte ein besseres Schicksal verdient gehabt. Willys wurde 1953 von dem in Schwierigkeiten steckenden Unternehmen Kaiser übernommen und zog 1955 nach Südamerika. Das Bild zeigt einen Aero Lark, eine von sechs verschiedenen Versionen, die 1954 von Kaiser-Willys angeboten wurden.

chen, doch das konnte Crosleys Kreativität nicht bremsen.

Im gleichen Jahr kam der Hot Shot auf den Markt, ein kleiner Sportwagen ohne Dach und ohne Türen. 1950 wurde der Super Hot Shot oder Super Sport vorgestellt, der nun Türen hatte. Powell Crosley freute sich diebisch, als ein Super Sport im ersten 12-Stunden-Rennen von Sebring die Index-Wertung gewann. Neben dem Super Sport brachte Crosley noch ein kleines Nutzfahrzeug, den Farm-O-Road heraus, mit dem der Farmer zuerst pflügen und dann die Familie ins Dorf transportieren konnte. Doch weder der Erfolg in Sebring noch der Mini-Trecker konnten das Unternehmen vor dem Untergang retten. Im Juli 1952 schloß die Fabrik in Marion, Indiana, ihre Tore. Glücklicherweise für ihn hatte Crosley mit Kühlschränken und Radiosendern mehr Erfolg.

Neben den erwähnten Marken gab es noch eine ganze Reihe anderer Hersteller, deren Auftritte aber zu kurz waren, als daß man sie unbedingt erwähnen müßte. Gegen die Übermacht der drei Konzerne in Detroit hatten sie noch weniger Chancen als die unabhängigen Firmen, die sich im Laufe der Jahre einer nach dem anderen von der Szene verabschiedeten.

Kurz vor seinem Tod hatte George Mason 1954 Nash und Hudson zu American Motors zusammengeschlossen, was für Hudson das Ende einer eigenen Identität bedeutete. Die Modelle des Jahrgangs 1957 fielen auf jeden Fall ins Auge, positiv oder negativ.

Henry J. Kaiser war immer etwas schneller als seine Konkurrenten und beantwortete die Forderung nach preiswerter Mobilität 1951 mit dem nach ihm benannten Kompaktwagen Henry J. Der Wagen fiel durchaus auf, und in jenem Jahr wurden 82 000 Exemplare verkauft. Doch wie das ganze Unternehmen ging auch der Henry J 1954 unter.

George Mason hatte stets große Pläne mit kleinen Autos. Zuerst präsentierte er 1950 den Rambler, um dann 1954 den noch kleineren Metropolitan anzubieten, mit dem er die Verkehrsprobleme der rasant wachsenden Vorstädte lösen wollte. 1959 wurden 22 000 Exemplare verkauft. 1962 wurde die Produktion eingestellt.

MAD 1957

Die Lastenträger

Auch Nutzfahrzeuge machten Geschichte

Neben der schier endlosen Aufzählung von unvergeßlichen Personenwagen geraten die bemerkenswerten Kombis und Nutzfahrzeuge oft ins Abseits. Beide waren bis zu jener Epoche der alltäglichen Arbeitswelt vorbehalten, warfen jedoch ziemlich schnell ihr Aschenputteldasein ab und fuhren, als sie von den Entwicklungs- und Designabteilungen endlich Beachtung erfuhren, direkt in die Vorstädte Amerikas. Bis dahin standen alleine die praktischen Zwecke im Vordergrund.

Kombis hatten sich schon vor den fünfziger Jahren in den Vororten wiedergefunden und waren als Zweitwagen beliebt, um die Kinder zur Schule oder die Eltern nebst Tennis- und Golfausrüstung zum Country Club zu transportieren. Doch mit Ausnahme einiger weniger Exoten, waren die Familientransporter spartanisch ausgestattet. Viele hatten die heute begehrten Karosserien mit Holzbeplankung und erinnerten an die Urzeiten des Automobilbaus.

Typisch für diese Modellgeneration waren die „Woodys“ von Willys, bei denen es in erster Linie um Lastentransport ging und weniger um Konfort für Fahrer und Passagiere. Während Willys seine Modelle mehr oder weniger unverändert Jahr für Jahr zu den Händlern rollte, dachten die „Großen Drei“ in Detroit bereits weiter und entwickelten Stahlkarosserien, die zum einen in der Qualität überzeugten (weniger Klappern) und zum andern viel leichter die Stylingtrends der Limousinen mitmachen konnten.

Vor allem General Motors hatte den Markt entdeckt und produzierte 1957

Der teuerste Chevy des Jahres 1957 war der Kombi Nomad, der 2857 Dollar kostete. Im letzten Produktionsjahr wurden noch 6534 Exemplare gebaut. Auch Pontiac beendete 1957 die Produktion des Safari, nachdem 1292 Stück vom Band gerollt waren. Die Typennamen wurden jedoch für konventionelle viertürige Kombis beibehalten.

Vor dem Beginn der fünfziger Jahre hatten die Kombis alle die charakteristischen „Woody-Karosserien". Im Vordergrund stand der Transport von Sachen, weniger von Menschen. Doch während der ersten Jahre des neuen Jahrzehnts wandelten sich die Modelle in Stahlkonstruktionen, die wesentlich besser verarbeitet und auch komfortabler waren. Termiten hatten keine Chance mehr, aber der Rost …

eine ganze Reihe von viertürigen Kombis im Hardtop-Design, mit denen man nicht nur zum Supermarkt fahren konnte, sondern die auch gut aussahen. Das Styling ohne B-Säule war 1949 von GM eingeführt worden. Chrysler hatte es freilich schon früher vorgestellt, aber nur bei einigen Modellen in begrenzter Stückzahl angeboten. Auch bei den Kombiversionen sorgte es für ein gestrecktes, elegantes Aussehen und erinnerte an die Form eines Cabriolets. Immerhin nannten die Erfinder ihre neue Form „Cabriolet-Coupés".

Am besten stand die Designidee freilich zweitürigen Limousinen, und daher ist es kein Wunder, daß es bald auch zweitürige Hardtop-Kombis gab. Als erstes Unternehmen stellte American Motors 1956 mit dem

Ford brachte 1952 den ersten Kombi mit Stahlkarosserie heraus. Der Customline Ranch Wagon wurde bis 1954 praktisch unverändert angeboten. Er wurde von einem modernen OHV-V8-Motor mit 130 PS angetrieben. Das Kennzeichen war selbst bei heruntergeklappter Heckklappe noch sichtbar.

Rambler Custom Cross Country ein derartiges Modell vor, das aber im darauffolgenden Jahr vom Oldsmobile Fiesta und Buick Caballero in den Schatten gestellt wurde. Weniger auffallend, aber immer noch elegant, waren die verschiedenen Kombi-Hardtops von Mercury.

Über allen stand aber der Nomad von Chevrolet, ein sportlicher, zweitüriger Kombi, der 1955 vorgestellt worden war. Obwohl zweitürige Kombis nichts Neues darstellten, verband der Nomad Oberklasse-Prestige mit den nützlichen Beigaben eines Kombis für Handwerker. Familienväter beschwerten sich zwar über die fehlenden beiden Türen, verstummten aber angesichts der eleganten Linienführung bald wieder.

Der Wagen war von Chevrolets Chefdesigner Clare MacKichan und dem Stilisten Carl Renner entwickelt worden und stand 1954 neben der Corvette auf der Motorama.

Zentrales Stylingelement waren die nach vorne gerichteten B-Säulen. Harley Earl, Design-Chef des GM-Konzerns und verantwortlich für zahlreiche Cadillac-Modelle jener Jahre, mochte den Entwurf so sehr, daß er McKichan beauftragte, die Form des Prototypen für die Serienproduktion vor-

So schnell ändern sich die Zeiten. 1953 war der Oldsmobile Fiesta ein exklusives, in begrenzter Auflage produziertes Cabriolet. Vier Jahre später schmückte die Typenbezeichnung einen viertürigen Kombi im Hardtop-Design, wahrscheinlich, um dem Wagen ein bißchen Glanz von dem exklusiven Vorgänger mit auf den Weg zu geben.

zubereiten. Im Februar 1955 stand er bei den Händlern.

Zusammen mit der von Renner entworfenen Dachlinie trug der Wagen viel Chrom an den Seitenteilen, runde Radausschnitte und einige Chromstangen am Heck, die dem Kombi eine stark vorwärts springende Form gaben. Das Ganze fiel völlig aus dem Rahmen der bis dahin üblichen Formen. Im Innenraum herrschte Exklusivität: Chrom und spezielle Bezüge für die Sitze sorgten für eine Atmosphäre, die man eigentlich in einer Limousine erwartet hatte. Der Laderaum war mit Linoleum ausgeschlagen. Als Antrieb standen entweder der alte Sechszylinder oder der OHV-V8-Motor mit 4,2 Litern zur Wahl. Der Nomad war freilich kein billiger Wagen. Mit 2500 Dollar kostete er mehr als ein Bel Air Cabriolet.

Das hinderte GM aber nicht, den Nomad bis Ende 1957 im Programm zu belassen, wenn auch mit einem leicht veränderten Design, dem unter anderem einiges an Chrom und die spezielle Polsterung fehlte. Der Name des Modells blieb erhalten und schmückte von 1958 an die konventionellen Kombis des Hauses.

Weniger bekannt, aber mindestens genauso wichtig war die Pontiac-Version des Nomad, die als Safari von den Bändern rollte. Trotz der Proteste von Chevrolet, wo man die Idee exklusiv nutzen wollte, schafften es die Pontiac-Verantwortlichen, das

Die Frontparte des Nomad-Kombis von Chevrolet entsprach noch der Limousine, doch hinter der geschwungenen B-Säule begann das Eigenleben des Zweitürers. Dazu gehörten die runden Radöffnungen, nach vorne geneigte Stützen und eine ebenso geneigte Heckklappe mit markanten Chromleisten.

Design für ihre Baureihe Chieftain 860 zu übernehmen. Das Modell hatte einen um 17,5 Zentimeter längeren Radstand als der Nomad. Das paßte nur zu gut zum Plan, weil der Safari ein größerer und besserer Nomad werden sollte.

Unter der Haube des Safari, Baujahr 1955, sorgte der erste OHV-V8 mit 4,6 Litern Hubraum für Vortrieb. Die Kraftübertragung übernahm eine Hydramatic-Automatik. Nur auf speziellen Wunsch gab es auch einen Sechszylinder. Das war allerdings selten der Fall. Zur serienmäßigen Ausstattung gehörten noch Lederpolsterung und Teppichboden auf der Ladefläche. So kostete der Safari noch einmal 500 Dollar mehr als der Nomad. Der hohe Preis sorgte für eine begrenzte Nachfrage, so daß der Safari 1957 aus dem Programm genommen wurde. Wie bei Chevrolet blieb der Modellname jedoch für einfachere Versionen erhalten.

General Motors übernahm auch bei den leichten Lastwagen die führende Rolle eines Trendsetters und gab dem Pickup ein völlig neues Aussehen. Bis 1955 waren die

Im Gegensatz zu den 1956 und 1957 gebauten Modellen hatte der Nomad aus dem Jahr 1955 einen deutlich exklusiveren Innenraum mit Vinylbezügen. Dieses Exemplar hat noch als Extra eine Klimaanlage, die damals einen Aufpreis von 500 Dollar kostete.

leichten Lastwagen in erster Linie Lastwagen, sonst nichts. Alles, was die Kundschaft verlangte, glaubte man wenigstens, war eine ausreichend große Ladefläche, eine Kabine und Zuverlässigkeit. Was brauchte man schließlich mehr, um die Milchkannen zur Molkerei zu transportieren? Stil, Design, Komfort und Prestige waren zu vernachlässigende Größen, bis der Chevrolet Cameo Carrier auf den Markt kam.

Vor dem Cameo waren Pickups nur zweckmäßig. Obwohl einige Sonderausstattungen und sogar verschiedene Lackierungen bestellt werden konnten, waren die kleinen Lastwagen alle spartanisch ausgerüstet und entweder schwarz oder dunkelgrün. Stoßstangen und Kühlergrills waren in Wagenfarbe lackiert, und Chrom gab es nicht. Mit dem Cameo war das alles auf einen Schlag Vergangenheit.

So etwas wie das am 25. März 1955 vorgestellte Modell hatten die Kunden bis dahin noch nie gesehen. Chevrolet hatte Stylingelemente aus dem Automobilbau mit den typischen Eigenschaften eines Pikkups verbunden und irritierte vielleicht den typischen Kunden, der sich vermutlich zweimal gefragt hat, ob er tatsächlich auf der Ladefläche mit den Seitenteilen aus Fiberglas seine scheppernden Milchkannen unterbringen wollte. Chrom, elegante Heckleuchten, eine Kabine mit Panoramascheibe und Zweiton-Lackierung (elfenbein/rot) machten den Cameo zu einer auffallenden Erscheinung.

Mit der Vorstellung des Cameo hatte Stil die Welt der Nutzfahrzeuge erreicht. Gegen Aufpreis war eine Automatik lieferbar, der Komfort verbesserte sich, was dem Absatz des Modells sehr gut tat. Der Cameo blieb vier Jahre im Programm, und während dieser Zeit übernahmen auch die anderen Lastwagen des Unternehmens Elemente aus dieser Baureihe, was die Konkurrenz natürlich genau registrierte.

Ford ging freilich nie so weit wie Chevrolet, doch die 1957 vorgestellten Styleside-Modelle hatten ebenfalls eine breite Ladefläche, die nicht mehr durch die Radkästen eingeschränkt wurde und eine elegantere Linienführung. Chevrolet antwortete mit den Fleetside-Modellen im Jahr 1958 als Nachfolger für den Cameo.

Dodge wollte natürlich nicht abseits stehen und sich auch ein Stück von dem neuen Marktsegment sichern. Also präsentierte man 1957 den sogenannten „sweptside"-Pickup, dessen vordere Hälfte ein D100-Halbtonner mit neuem Grill, Panoramaschiebe und Scheinwerfern war und hinten mit seinen Heckflossen deutliche Anleihen am Design der Limousinen gemacht hatte. Das Heck ließ sogar den eleganten Cameo plump aussehen.

Die Dodge-Lösung zeichnete sich zusätzlich durch ihren geringen Aufwand aus. Joe Berr, Chef der Entwicklungsabteilung der Nutzfahrzeugabteilung von Dodge, ließ einfach die Heckflossen eines zweitürigen Suburban-Kombis an die Seitenteile des Pickups montieren. Seltsamerweise paßten sie dort auf Anhieb, genauso wie die hinteren Stoßstangen des Suburban. Nur die Ladeklappe sah etwas einfach

Während Chevy und Pontiac mit dem Nomad-Design für Aufsehen sorgten, boten Buick und Oldsmobile 1957 aufwendige Kombis im Hardtop-Design an. Bei Buick hieß das Modell Caballero und kam im sogenannten „Riviera Design" zu den Kunden. Der Name war auch als Erinnerung an das Buick-Hardtop-Coupé Riviera aus dem Jahr 1950 gedacht.

Damals und heute: Der Ford F100 aus dem Jahr 1956 ist ein gutes Beispiel für das einfache Styling der damaligen Pickups. 35 Jahre später waren die kleinen Laster alles andere als langweilig, wie der 1991 gebaute F150 XLT 4x4 deutlich zeigt. Chevrolet begann 1955, seine Pickups ansprechend zu gestalten. Ford zog erst 1957 nach.

aus. Egal, ob man die Lösung mit dem schweren Chromschmuck mochte oder nicht, sie fiel auf jeden Fall auf.

Wie der Cameo hatte es auch der Dodge Sweptside schwer bei den Kunden. Das lag zum einen am hohen Preis, aber auch an der Kundschaft selbst, die sich nur schwer vorstellen konnte, so elegante Pickups in der täglichen Arbeit auf der Farm zu strapazieren. Nach einem kurzen Anfangserfolg 1957 fand der Wagen im folgenden Jahr nur wenig Käufer und wurde im

Chevrolet revolutionierte 1955 den Pickup-Markt mit dem Cameo Carrier. Der Halbtonner hatte eine Kunststoff-Ladefläche und noch weitere Design-Lösungen aus dem Automobilbau wie die Rückleuchten und die luxuriösen Radkappen. In seinem Debütjahr wurde der Pickup ausschließlich in elfenbein/rot angeboten und fand 5220 Käufer. Der abgebildete Cameo ist eines von 1452 im Jahr 1956 gebauten Exemplaren und wurde von einem Sechszylinder angetrieben. Das Doppel-Auspuffsystem wurde von einem späteren Besitzer montiert. 1956 gab es auch eine größere Farbauswahl.

Januar 1959 aus dem Programm genommen. Zu jenem Zeitpunkt hatte Dodge wie schon zuvor Ford und Chevrolet einfachere Pickups auf den Markt gebracht. Im Jahre 1960 hatte der Käufer auf jeden Fall eine große Auswahl an hart arbeitenden und dabei elegant aussehenden kleinen Lastwagen.

Das Jahr 1957 erlebte mit dem Debüt des Ford Ranchero den Beginn einer ganz neuen Gattung von Lastautos. Das Modell war eine seltsame Mischung aus Limousine

Vorne Lastwagen – hinten Kombi. Dodge kombinierte 1957 die Frontpartie des D100-Pickups mit dem Heck eines Suburban-Kombis und addierte eine etwas einfach geratene Ladeklappe. Neben den Heckflossen wurden auch die hinteren Stoßstangen und die seitlichen Chromleisten vom Kombi übernommen.

und Lastwagen. Das hatte es schon in den dreißiger Jahren gegeben, als die meisten leichten Lastwagen Limousinen mit Ladeflächen waren, bei denen der Komfort auf der Strecke geblieben war. Doch der Ranchero war mehr eine komfortable Limousine mit einer kleinen Ladefläche im Heck. Gegen Aufpreis gab es alles, was das Herz begehrte: elektrisch verstellbare Sitze und Fenster, Automatik-Getriebe, Servolenkung und -bremsen. Eine Zweiton-Lackierung war ebenfalls lieferbar. Der 3,6-Liter-Sechszylinder war das Standard-Triebwerk, ein V8 konnte gegen ein paar Dollar mehr bestellt werden.

Der Ranchero und seine Nachfolger sollten bis weit in die sechziger Jahre hinein gebaut werden. Bei Chevrolet gab es bald ein ähnliches Modell, den El Camino, auf deutsch Straße. El Camino hatte, wenigstens sah das Magazin „Motor Life" es so, mehr Stil als der Ranchero, „weil die Linien eleganter sind und das Heckfenster nicht steil, sondern geneigt steht." Einfach gesagt waren beide Modelle eigentlich Kombis, denen das hintere Teil des Dachs fehlte.

Der Cameo Carrier blieb zwar vier Jahre lang im Chevrolet-Programm, fand jedoch immer weniger Käufer, nachdem die anderen Halbtonner des Hauses ähnlich komfortabel ausgestattet wurden. Dieses Modell 3100 wird von einem V8 mit 4,6 Litern Hubraum angetrieben. Die Kraftübertragung übernimmt eine Hydramatic.

Ford schuf einen ganz neuen Wagentyp, als das Unternehmen 1957 den ersten Ranchero auf den Markt rollte. Im Prinzip war der Wagen ein Kombi mit offener Ladefläche. Als Antrieb stand entweder ein Sechs- oder Achtzylinder zur Verfügung und gegen Aufpreis gab es sowohl Servolenkung wie auch Servobremsen.

Beim El Camino war es aber in der Tat mit mehr Eleganz abgesägt worden als beim Ranchero. Wie der Ford verkaufte sich auch der Chevrolet bis in die sechziger Jahre gut.

Die fünfziger Jahre hatten einen neuen Trend nach dem anderen hervorgebracht. Und das gilt ganz besonders für das Segment der Transporter. Hier stand nicht mehr alleine die Zuverlässigkeit und Ladekapazität im Vordergrund – auch hier waren Design, Stil und Komfort eingezogen, und das wollten die Kunden der fünfziger Jahre auch in diesem Bereich nicht missen.

Was Ford konnte, mußte Chevy natürlich auch der Kundschaft anbieten, und man brachte 1959 den El Camino heraus. Nach einer Bauzeit von einem Jahr verschwand das Modell wieder, um 1964 auf Basis der Chevelle wieder ins Lieferprogramm zurückzukehren.

Index